Hans Obermeier
Gottfindung in Philosophie und Naturwissenschaft

Hans Obermeier

Gottfindung in Philosophie und Naturwissenschaft

Rediroma-Verlag

Bibliografische Information der Deutschen Nationalbibliothek:
Die Deutsche Nationalbibliothek verzeichnet diese Publikation in der Deutschen Nationalbibliografie; detaillierte bibliografische Daten sind im Internet über http://dnb.ddb.de abrufbar.

ISBN 978-3-86870-917-9

Umschlagillustration: Hans Obermeier

www.rediroma-verlag.de
8,95 Euro (D)

Inhalt

Gedanken über Philosophie und Naturwissenschaft

Die vielen Glaubensdiskussionen über Gott und die Welt in meinen Freundeskreisen haben mich bewegt, meine eigenen Gedanken auf Papier zu bringen.

In der heutigen Welt mit der immer schnelleren Entwicklung der Wissenschaften kann ich mir vorstellen, daß der wissenschaftlich interessierte Mensch seinen Glauben und die Wissenschaften unter einem Dach bringen möchte. Am liebsten wäre ihm natürlich, wenn ihm jemand einen naturwissenschaftlichen Gottesbeweis liefern würde .Aber wäre das wünschenswert ? Wäre das sinnvoller als die jetzige Situation ? Aber was würde uns Menschen an diesem Leben noch interessieren ? Es scheint, daß der Mensch dazu bestimmt ist, seinen Teil beizutragen, diese unsere Welt in zielgerichteter Weise besser und vollkommener zu machen. Diese schwierige Frage stellt sich uns immer wieder neu.

Trotzdem kann uns eine gewisse Beschäftigung mit Philosophie, Theologie und den Naturwissenschaften behilflich sein. Was die Naturwissenschaft anbelangt, ist es bedauerlich, daß sich bei neuen Erkenntnissen die christliche Kirche immer wieder skeptisch bis ablehnend verhalten hat. Dabei war es ursprünglich gerade die Kirche, die im abendländischen Bereich den naturwissenschaftlichen Fortschritt eingeleitet und gefördert hat. Übrigens, wenn schon die Bibel sagt „macht euch die Welt untertan“ heißt das nicht Stillstand, sondern weiter und besser machen (natürlich nicht in schädigender Weise wie durch die übersteigerte Profitgier im heutigen System möglich). Somit

sollte die Kirche daran interessiert sein, ein ständiger Begleiter der Wissenschaften und des fortschreitenden Denkens und Wissens sein. Festhalten an überholten Traditionen und Dogmen entspricht nicht dieser und anderen Bibelstellen.
Eine Verbindung zwischen Religion und Naturwissenschaften herzustellen ist sicherlich nicht einfach, weil die Beschäftigung besonders mit neuerer Physik für den Normalbürger oft zu kompliziert und aufwendig dargestellt wird. Der Laie verliert dann die Lust, obwohl ihn das Thema interessieren würde. Es sind gerade die neueren Erkenntnisse, die richtungsweisend sind, eingeleitet besonders durch Einsteins Relativitätstheorie bis hin zu Heisenbergs Quantentheorie und Stringtheorie, die für Jedermann wissenswert wären. Da ich selbst nur ein interessierter Laie bin, meine ich, daß auch ohne technisches Einzelwissen jeder andere Laie von der Wissenschaft profitieren sollte.

Ich habe vorher die Kirche und ihre Religion ins Spiel gebracht, weil wir doch alle Suchende sind, nach allem Urgrund bzw. einer höheren Macht. Die Naturwissenschaften der Mikro- und Makrowelt können uns dabei nachdenklich machen. Jemand, der heute noch sagt „ich glaube nur was ich sehe“ muß wissen, daß diese Meinung längst der Vergangenheit angehört. Es ist naiv noch zu denken, die Welt besteht nur dreidimensional (Höhe, Breite, Tiefe) .Es ist eine wissenschaftliche Feststellung, daß Raum und Zeit die Möglichkeit mehrere Dimensionen bieten.

Abgesehen von den sehr interessanten Entdeckungen in der Mikrowelt der Elementarteilchen der Quantenphysik und in der Makrowelt (Astrophysik) wäre auch die Beschäftigung mit Philosophie und Theologie von Nutzen. Man kann dadurch zu interessanten parallelen (wenn auch z.T. spekulativen) Anschauungen kommen.

Bevor wir uns mit der Philosophiegeschichte beschäftigen ,ist es empfehlenswert, einen Fachmann wie Prof. J.M. Bochenski kennen zu lernen. Er konnte seine Hörer in einfacher Weise philosophisches Denken näher bringen. Seine Vorlesungen wurden später in einem Taschenbuch „Wege zum philosophischen Denken“ größtenteils veröffentlicht. Wesentliche Auszüge davon sind:
In der Meditation „das Gesetz“ sagt er: Vor allem die mathematischen und physikalischen Gesetze sind für uns lebensnotwendig. Ohne sie wäre die heutige Technik nicht denkbar. Alle realen Dinge dieser Welt sind vergänglich, jedoch das Gesetz selber nicht. Das Gesetz hat keine Eigenschaften der Dinge und ist nicht vergänglich, sondern zeitlos. Wie z.B. auch 2x2=4ist und bleibt 4 (auch auf dem Mond). Man sagt deshalb, daß die Gesetze im Gegensatz zur realen Welt zur idealen Seinsweise gehören. In dieser idealen Welt gibt es keinen Raum und keine Zeit, somit keine Änderung.

Unter dem Titel Philosophie sagt Bochenski, daß es wahrscheinlich keinen Menschen gibt, der nicht philosophiert und besonders Wissenschaftler und Künstler beschäftigen sich früher oder später intensiv mit Philosophie. Es gibt verschiedene Denkrichtungen z.B. die Existenzphilosophen wie Jean Wahl oder auch Karl Jaspers, sie erforschen das Überrationale, das über dem Verstand an der Grenze liegende. Hat also mit dem Verstand nur wenig Gemeinsames. Der Mensch kennt nur zwei Methoden, um etwas zu erkennen: Entweder den Gegenstand in irgendeiner Weise direkt zu sehen., sinnlich oder geistig, oder aber zu erschließen. Beides ist eine Erkenntnisfunktion und im wesentlichen ein Akt des Verstandes. Dann gibt es die Positivisten. Für sie sind alle Philosophen, die mit ihnen nicht einverstanden sind, Metaphysiker. Metaphysik ist nach ihnen Unsinn. Ebenso die Kantianer. Auch für sie sind alle, die anderer Meinung als Kant sind, Metaphysiker .Kant selber hält Metaphysik jedoch nach seiner Weise für nötig. Im Vergleich zu den Naturwissenschaften ist Philosophie eine radikale Wissenschaft, in dem Sinne, daß sie tiefer gräbt als irgend eine andere Wissenschaft. Wo die anderen zufrieden sind, fragt Philosophie weiter und will auch immer weiter forschen. Sie ist eine Wissenschaft der Grenz- und Grundlagenprobleme, somit auch eine Radikalwissenschaft. Abschließend sagt Bochenski, „der Mensch ist zum Philosophieren bestimmt, ob er es will oder nicht, trotz der ungeheuren Schwierigkeiten, die es mit sich bringt, ist das Philosophieren eine der schönsten und edelsten Sachen, die es im menschlichen Leben geben kann“.

Unter der Rubrik „die Erkenntnis“ zitiert er den Philosophen Descartes, daß uns unsere Sinne oft schon getäuscht haben. Ein rechteckiger Turm sieht von der Ferne rund aus, einem Kranken scheinen manchmal süße Speisen bitter usw. .Es scheint also, daß alles, was uns umgibt, und sogar unser eigener Körper ein Schein sein könnte oder ein Traum. Es folgt daraus, daß der Verstand uns ebenso täuschen könnte wie die Sinne. Gibt es also nichts Sicheres , das nicht mehr zweifelhaft wäre? Descartes meint dazu, so etwas im eigenen Ich gefunden zu haben. Er sagt, wenn ich mich täusche, muß ich auch sein, denn um zu denken und zu zweifeln muß man existieren. Darum sein berühmter

Spruch „ich denke also bin ich". Der Unterschied zwischen dem, was wir Wirklichkeit nennen und dem Schein besteht darin, daß die Wirklichkeit geordnet ist und in ihr Gesetze walten, während der Schein keine solche Ordnung aufweist. Wenn man also erkannt hat, daß es Dinge gibt, ist es eine wahre Erkenntnis. Man weiß, daß es wahr ist.

In seiner Meditation über „Wahrheit" stellt er die von Pilatus an Christus gestellte Frage „Was ist Wahrheit? Eine der interessantesten, aber auch schwierigsten philosophischen Probleme. Bei den Philosophen gibt es zwei Arten von Wahrheit. Die ontologische Wahrheit, wenn ein Ding einem Gedanken entspricht z.B. dieses Metall ist wahres Gold oder dieser Mensch ist ein wahrer Held etc. Im anderen Fall ist es umgekehrt. Wahr sind nur Gedanken, Urteile, Sätze, nicht aber Dinge in der Welt. Diese Art der Wahrheit heißt bei den Philosophen „logische Wahrheit" z.B. kann man sagen: diese Rose ist rot. Wir hören aber dann, daß es in der äußeren Welt überhaupt keine Röte gibt, denn alle Farben entstehen erst in unseren Sehorganen als Ergebnisse der Wirkungen gewisser Lichtwellen, die auf unsere Augen fallen. Also kann es nicht stimmen daß unser Satz genau dann wahr ist, wenn er auf die äußere Sachlage zutrifft. Deshalb haben zahlreiche Denker eine philosophische Lehre anerkannt, die heißt „erkenntnistheoretischer Idealismus" .Nach ihr gibt es zwar Dinge und Wahrheiten, aber alles das ist nicht draußen, sondern „in uns", in unserem Denken. Das war im wesentlichen die Lehre des großen deutschen Philosophen Immanuel Kant..Es gibt also zwei Deutungen der Wahrheit, die idealistische und die realistische.

Über „das Denken", sagt Bochenski: Das Ziel des Denkens ist das Wissen. Das wissenschaftliche Denken ist ein diszipliniertes Denken. Es gibt zwei Möglichkeiten zum wahren Wissen: entweder der Gegenstand ist da, dann brauche ich nur die Augen öffnen, oder die Aufmerksamkeit auf ihn zu richten. Ist der Gegenstand nicht da, sollten wir unsere Erfahrung befragen. In beiden Fällen spielt das Denken darüber eine wichtige Rolle. Ist der Gegenstand gegeben, ist es nicht ganz einfach die vielen Seiten, Aspekte und Eigenschaften zu entdecken. In der Naturwissenschaft ist diese Art von Denken über gegebene Gegenstände nicht so wichtig wie das Denken über nicht gegebene Gegenstände. Ein solches Denken heißt auch „Schließen". Es gibt also für die Erkenntnis nur diese zwei Möglichkeiten d.h. ein direktes, sinnliches Erfassen des Gegenstandes oder aber ein Schließen. Bochenski hat ein gutes Beispiel für Erschließen: fragt man wieviel ist 7847 mal 23169 so weiß ich es zuerst nicht, wenn ich mich aber hinsetze und die Multiplikation durchführe, dann weiß ich, daß das 181807143 ist. Multiplizieren ist ein Denken, ist ein schließen. Einen dritten Weg gibt es für die Erkenntnis nicht, weil das Wissen nur durch Beobachtung des Gegebenen oder durch das Schließen zustande kommt.

Im übrigen wissen wir, daß auch die Naturwissenschaften nicht unfehlbar sind. Es kommt leider immer wieder vor, daß auch bedeutende Wissenschaftler etwas behaupten, was mit ihrem Gebiet nicht das Mindeste zu tun hat. Lt. Bochenski ein klassisches und krasses Beispiel einer solchen Übertretung der Grenzen der Kompetenz ist die Behauptung eines gelehrten Arztes, der sagte: es könne kein menschliches Bewußtsein geben, weil er so viele Körper zerschnitten und nie ein Bewußtsein dabei gefunden habe. Das Ungereimte besteht hier darin, daß die Wissenschaft dieses Arztes, Kraft ihrer eigenen Methode, auf die Erforschung von Körpern beschränkt ist; das Bewußtsein aber ganz sicher kein Körper ist und dieser Körper überdies tot ist.

In der Meditation über „die Werte“ sagt B., sie sind einfach da, von uns ganz unabhängig, in sich bestehend, genauso wie ein realer Gegenstand in der Welt. Vielleicht sogar noch gewaltiger als reale Gegenstände. Die Philosophen sagen, es ist ein Seiendes wie alles andere, aber offenbar kein reales, sondern ein ideales Sein. Der große Unterschied ist aber, es ist nicht nur da wie eine mathematische Formel, denn diese sagt, was ist, während dieses ideale Seiende sagt, was sein soll. Es steht vor unserem Gewissen wie ein Ruf, wie ein Gebot. Auch wie Kant bemerkte ist dieses Seiende „kategorisch“ d.h. es hat keinen Sinn zu fragen, wozu ich so handeln soll. Man muß mit Werten aber vorsichtig sein. Die Wertungen sind veränderlich, immer wechselnd. Die Werte selbst aber sind ewig und unveränderlich. Genauso wie es farbblinde Menschen gibt, gibt es auch wertblinde Menschen.

In der Meditation der Rubrik „Mensch“ fragt B., was ist der Mensch?, was bin ich eigentlich? Kein Zweifel, der Mensch ist ein Tier, und zwar ein ganz sonderbares, einzigartiges Tier. Schlechte Augen, keinen besonderen Geruchssinn, minderwertiges Gehör. Biologisch gesehen hätte er kein Recht zur Existenz und sollte seit langem untergegangen sein. Trotzdem ist es ganz anders geworden. Der Mensch ist ganz Herr der Natur. Er hat eine ganze Reihe von gefährlichsten Tieren ausgerottet; andere hat er gefangengenommen und zu Haussklaven gemacht. Jetzt beschäftigt er sich mit der äußeren Welt ,außerhalb der Erde. Vom Aussterben keine Rede, eher der Mensch wird zu zahlreich. Der Mensch, obwohl biologisch so schwach, besitzt eine furchtbare Waffe: seine Intelligenz. Der Mensch hat eine hoch komplizierte Sprache. Die Tradition allein würde schon genügen, den Menschen scharf von allen anderen Tieren zu scheiden. Dank der Tradition ist der Mensch, die Menschheit fortschrittlich, und oft kommt er innerhalb einer einzigen Generation zu ganz großen Neuerungen. Der Mensch ist auch der „Abstraktion" fähig. Er vermag „Allgemein" zu denken. Dem verdankt er den großen Errungenschaften seiner Technik. Man denke an die Mathematik- das wichtigste Werkzeug der Wissenschaft .Aber auch ideale Gegenstände wie Zahlen und Werte aus Wissenschaft und Religion gehören dazu. Was das Tier kennt, ist immer zweckgebunden. Es sieht und versteht nur das, was ihm, seiner Art, nützlich ist. Sein Denken ist durch und durch praktisch. Es scheint auch, daß der Mensch das einzige Tier ist, welches ein klares Bewußtsein davon hat, daß es sterben muß.

Betrachtet man all diese Besonderheiten des Menschen braucht man sich nicht wundern, daß der Begründer unserer westlichen Philosophie, Platon, zum Schluß gekommen ist, der Mensch sei etwas von der ganzen Natur verschiedenes. Er oder eher das, was ihn zum Menschen macht- die Psyche, die Seele, der Geist- ist freilich in der Welt, gehört aber nicht zur Welt. Er ragt über die ganze Natur hinaus. Die genannten Besonderheiten bilden aber nur eine Seite des Menschen. Wie schon bemerkt, ist er gleichzeitig ein echtes und volles Tier. Was noch wichtiger ist, das Geistige im Menschen hängt mit diesem rein Tierischen, mit dem Leiblichen eng zusammen.

Nun ist aber der Körper mit seinen physiologischen Vorgängen, und auch das tierische Triebleben, etwas vom Geiste so Verschiedenes, daß sich die Frage aufdrängt, wie eine solche Verbindung der beiden überhaupt möglich sein kann. Das ist die zentrale Frage der philosophischen Wissenschaft vom Menschen, der Anthropologie , wie man sie nennt. Auf diese Frage gibt es verschiedene Antworten. Die älteste und einfachste besteht darin, daß man einfach leugnet , es gäbe im Menschen irgend etwas anderes als den Leib und die mechanischen Bewegungen der Körperteilchen. Diese Lösung ist jene des strengen Materialismus. Sie wird heute nur selten vertreten, und zwar unter anderem wegen eines Argumentes, welches gegen sie durch den großen deutschen Philosophen Leibniz gebracht wurde. Leibniz schlug nämlich vor, man denke sich das Gehirn so vergrößert, daß man sich in seinem Inneren bewegen könnte wie in einer Mühle. Wir würden in ihm nur Bewegungen von verschiedenen Körpern begegnen, nie aber so etwas wie einen Gedanken. Der Gedanke und ähnliches müssen also etwas ganz anderes sein als einfache Bewegungen der Körper.

Dann gibt es aber auch die neueren Philosophen mit ihrer Existenzphilosophie, den Existenzialismus. Der Mensch ist zwar anderen Tieren überlegen, aber er ist auch etwas Unvollendetes, Unruhiges und Elendes. Ein Hund, ein Pferd frißt, schläft und ist glücklich. Mehr als die Befriedigung ihrer Triebe brauchen sie nicht. Anders der Mensch: er schafft sich immer neue Bedürfnisse und ist nie satt. Eine ganz sonderbare Erfindung ist das Geld, dessen er nie genug hat. Es sieht so aus als ob er ganz wesentlich auf einen unendlichen Fortschritt angewiesen wäre, als ob nur das Unendliche ihn befriedigen könnte. Er scheint für etwas da zu sein, was er überhaupt nicht erreichen kann. Was ist dann sein Sinn, der Sinn seines Lebens? Die Existenzialisten meinen, der Mensch habe überhaupt keinen Sinn. Er ist ein Irrtum der Natur, ein mißratenes Geschöpf, „eine nutzlose Passion“ wie Sartre einmal schrieb. Philosophen Platon folgend, wollen diesen Schluß nicht annehmen. Wenn es eine Lösung geben soll, dann muß man einen Sinn außer der Natur, außer der Welt, also im Jenseits finden. Es scheint, daß der Mensch in irgend einer Weise aber doch das Unendliche erreichen möchte, was er sicherlich in diesem Leben nicht kann. Eine Unsterblichkeit der Seele ist nach vielen Philosophen seit Platon beweisbar. Dazu etwas später.

Unter der Meditation „Das Sein“ kommt B. zur Ontologie. Man nennt alles was in irgendeiner Weise ist, existiert „ein Seiendes“. Selbst wenn ich morgens lache oder schlechte Laune habe, ist das ein Seiendes. Wir sagen, alles, was „ist“, ist ein Seiendes. Also ist auch ein Seiendes, wenn ich sage, daß es außer dem Seienden nichts gibt. Die Frage um das „Nichts“ wurde in den vergangenen Jahrzehnten viel diskutiert. Wenn wir über die Frage sinnvoll diskutieren, muß dieses „Nichts“ ein Gegenstand sein, sonst könnten wir darüber nicht sprechen, also „ist“ es. Die Frage ist sehr kompliziert und schwierig, auch unter den Existenzphilosophen. B. sagt, daß man zwischen dem realen und idealen Sein unterscheiden müsse. Der Begriff des „Nichts“ ist ein

ideales Seiende und trotzdem kann es etwas Reales haben. Das Beispiel, daß mein Freund in diesem Kaffe nicht ist, ist etwas vom Realen („ist nicht“ ist nicht nur gedacht, sondern ist so).
Mehr über dieses „Sein-Problem“ und auch das Kapitel „Die Gesellschaft“ ist lesenswert.

„Wege zu Gott, den der Religion und den der Philosophie“. Aus der langen Geschichte hat man eines gelernt, daß die Existenz Gottes durch keinen der großen Denker je ernsthaft in Frage gestellt worden ist, wie Plato, Aristoteles,Plotin, Thomas von Aquin, Descartes, Spinoza, Leibniz, Kant, Hegel, Whitehead. Auch bei den sogenannten Atheisten geht der philosophische Streit (wenn man die Sache näher ansieht) nicht um die Existenz eines Absoluten, Unendlichen. Für sie lautet die Frage: ist Gott eine Person oder ein Geist? Trotzdem darf sich die Philosophie fragen, welche Gründe uns zwingen, die Existenz Gottes anzunehmen. Eines aber scheint sicher, daß der Gegenstand der philosophischen Gotteslehre in keinem Punkt mit dem Gott der Religion im Widerspruch steht. Alles was philosophisch über Gott gesagt werden kann, kann auch der religiöse Mensch anerkennen; nur weiß er über ihn viel mehr als die Größten unter den Metaphysikern. Wenn man hier von einem Glauben sprechen darf, ist es der Glaube an die Vernunft der philosophischen Erkenntnis. Diese Haltung jedoch bringt den Philosophen hier, wie in der Frage um den Menschen an eine Grenze über welche er nur Dunkelheit sieht. Schon Plato hat sich die Frage gestellt, ob es nicht ein Jenseits der Philosophie geben kann.
In diesen Zusammenhang hatte ich ein interessantes Gespräch mit einem guten Freund. Seine Meinung brachte

mich später zum Nachdenken. Er sagte: es gibt meiner Meinung nach drei Möglichkeiten über Gott zu meditieren. Die erste Möglichkeit wäre, daß es zweifellos und mit absoluter Gewißheit einen Gott gibt. Was wäre die Folge? Wir hätten eine Welt, die nur gute Menschen hervorbringt, Menschen die sicherlich mehr oder weniger jenseits, gottgerecht, orientiert leben und handeln. Gegenseitiges Verständnis, und Menschen, die ehrlich miteinander umgehen, wären selbstverständlich und es gäbe auch keine Kriege mehr. Das Ziel wäre klar, möglichst makellos aus der Welt zu scheiden, um bei Gott Gefallen zu finden. Ein Dasein jedoch, das sein Ziel schon hinter sich hat, kann ich mir nicht vorstellen, weil es dann uns und die ganze Welt auch nicht gebraucht hätte. Die zweite Möglichkeit wäre, es gibt mit aller Sicherheit keinen Gott. Die Folge wäre, das moralische Gewissen tritt in den Hintergrund bzw. gibt es nicht mehr. Die Gier nach Macht und Geld wäre das eigentliche Ziel, natürlich Kriege mit eingeschlossen. Den Gedanken, was nach dem Tod sein könnte, gäbe es nicht bzw. dann ist sowieso alles vorbei. In einer solchen Welt, die keine Zukunft hat, möchte ich auch nicht sein.

Die dritte Möglichkeit ist unsere jetzige Situation, die „Ungewißheit". Die verschiedenen Religionen sagen uns, daß es einen Gott gibt und ein Weiterleben nach dem Tod möglich ist. Ob diese Behauptung richtig ist, dafür reicht unser Denken und unser dreidimensionales Dasein sicherlich nicht aus. Der Mensch ist zwar ein intelligentes Wesen, aber soviel Geisteskraft hat er nicht mitbekommen, um den absoluten Durchblick zu erreichen. Was er mitbekommen hat ist ein mehr oder weniger moralisches Gewissen, so daß er zwischen Gut und Böse frei entscheiden kann. Anderseits wäre es für mich ein sinnloses Dasein, wenn wir nicht in dieser Welt eine Aufgabe zu erfüllen hätten. Die restliche Ungewißheit verlangt trotzdem eine Entscheidung. Entweder man ist schon vom Gefühl bzw. vom Glauben her überzeugt, daß es eine höhere Macht (Gott) gibt oder aber man nähert sich diesem Gott durch mehr Wissen in Philosophie und Naturwissenschaften. Die alte Aussage zu wiederholen „ich glaube nur, was ich sehen und greifen kann“ gilt schon lange nicht mehr wie die Wissenschaften in Mathematik und Physik erforscht haben.

In diesem Zusammenhang und zum Thema Gottesbeweise kann die Geschichte der Philosophie sehr hilfreich sein. Manche Aufzeichnungen sind so überzeugend, daß es nur einen kleinen Sprung des Weiterdenkens bedarf, um sich dem Unendlichen bzw. Gott zu nähern. Mein Freund weiter: ich kann mir gut vorstellen, daß nicht wenige Menschen dem dritten Vorschlag „die Ungewißheit“ zustimmen können. Es bleibt uns Menschen wahrscheinlich auch nichts anderes übrig, wenn wir nach einem Sinn des Daseins suchen. Ich für meine Person, sagt er, bin überzeugt, daß diese Welt (oder die jetzige Lebensdimension) zu einer neuen, besseren Daseinsweise führt. Allerdings kann es sein, daß dies durch das „jetzt“ der dreidimensionalen Welt verdient werden muß. Wenn ein Vergleich erlaubt ist, auch das Brot oder Wein müssen erst aus Getreide bzw. Trauben durch harte Arbeit gewonnen und verdient werden. Für mich sagt er abschließend ist das alles eine logische Erkenntnis. Soweit die Erklärungen meines Freundes

Kurze Philosophiegeschichte mit Anmerkungen eines Jesuiten:

Die folgende Kurzfassung der Philosophiegeschichte folgert aus einer längeren, ausführlichen Vorlesungsreihe des Jesuiten , Pater Johannes Beck aus München. Durch seine kritische und leidenschaftliche Vortragsweise konnte er seine Hörer begeistern. Einwände und Diskussionen waren ihm stets willkommen.

Die Philosophiegeschichte begann zuerst mit folgender Einleitung: Philosophieren setzt eine höchste Bindung an die Wirklichkeit voraus, denn Philosophie bejaht die Arbeitswelt, überschreitet sie aber zugleich. Die Welt der konkreten Erfahrung ist das Material philosophischer Untersuchungen. Deshalb muß ich diese Arbeitswelt bejahen. Erst wenn ich sie erkannt, erforscht habe, kann ich sie beschreiben, und überschreiten.

Die Philosophie behandelt a) das Wesen der Wirklichkeit, das Sein und sein Geheimnis; b).die Entstehung der Welt, Weltursache und Ursache für alles Werden =Kosmologie, den Menschen als Individuum und der Mensch im Zusammenleben mit den anderen (Staat und Gesellschaft, Individualethik und Sozialethik).

Professor Hans Mayer sagt: Philosophie ist eine Weltanschauungslehre. Sie will allgemeingültige Erkenntnisse mit den Mitteln des Verstandes gewinnen. Die Methode ist die Vernunfterkenntnis. Mit ihr wollen wir die letzten allgemeingültigen Erkenntnisse heraus arbeiten. Damit wird Philosophie auch eine Wissenschaft von Prinzipien.

Einige Gedanken zur griechischen Philosophie. Schon Aristoteles (384-322) sagt in seiner Metaphysik „der

Mensch strebt von Natur aus nach Wissen und Erkenntnis". In der Philosophie streben die Menschen nach Erkenntnis der Ursachen. Die griechische Philosophie hatte Sinn für organische Ganzheitsbetrachtung „Das Ganze ist mehr als seine Teile" sagt Aristoteles. Durch diese Ganzheitsbetrachtung kommt der Philosoph zur Überzeugung, daß die Welt selber Kosmos ist, ein geordnetes, organisches Ganzes, und der Mensch nimmt teil an diesem Weltorganismus. Daher wird der Mensch als Mikrokosmos verstanden und der Mensch als verkleinertes Abbild des Makrokosmos. Durch Teilhabe des Mikro- am Makrokosmos ist das Ganze eine gesetzmäßige Einheit. Die griechische Ethik- und Staatslehre wird dann auch sagen, der Staat selber, die Polis, ist auch nicht ein Werk des Menschen, sondern ist eine notwendige Ordnung der Natur. Darüber hinaus richtet sich die philosophische Frage an die gesamte Wirklichkeit, Welt und Gott, an das Sein und das Wesen des Seins. Sie befragt unsere sichtbare Welt und versucht so zum Wesen des Seins zu gelangen.

Nach Professor Pieper: Voraussetzung ist, daß ich eine Beziehung zur Welt habe, in der Welt sein. In der Welt ist aber auch das Materielle z.B. der Stein. Ein reines Vorhandensein ist noch nicht eine Beziehung zur Welt. Nur die Einbeziehungskraft bzw. Wahrnehmungskraft schafft Beziehung. Was nicht einbezogen, wahrgenommen wird, existiert für ein Wesen nicht. Die Welt ist das Beziehungsfeld und davon hat nur ein lebendes Wesen eine Welt. Je höher ein Wesen von Rang, um so stärker ist sein „Inneres" und je ausgreifender ist seine Einbeziehungskraft und desto weiter und höher sein Beziehungsfeld. Die Pflanze bezieht mehr oder weniger nur Nahrung. Beim Tier ist das Beziehungsfeld nur seine Umwelt, ein Ausschnittsmilieu z.B. beim Maulwurf. Der Mensch hat die ganze Welt, ist weltoffen, aber ohne Geist wäre er nicht mehr lebensfähig, da er nicht mehr genügend Instinkt hat. Der Mensch hat also nicht nur Umwelt, sondern Welt. Sein Geist ist auf Unendlichkeit gerichtet. Er kann sie zwar nicht erreichen, aber er greift bereits zu den Sternen. Den Menschen zeichnet gegenüber dem Tier das geistige Erkennen aus. Weil der Mensch nicht in ein Ausschnittsmilieu eingesperrt ist, darf man auch den Anderen nicht seine Freiheit rauben. Alle seienden Dinge sind auf den Geist bezogen, da sie vom absoluten Geist geschaffen wurden. Wenn das nicht wäre, wären sie nicht erkennbar.

In diesem Zusammenhang ist es angebracht, kurz in die Vergangenheit der griechischen Philosophie einzutauchen. Fangen wir zuerst bei den Naturphilosophen vor Sokrates und Platon an.

Thales von Milet (625-546)

Er ist einer der sieben Weisen. Für ihn war der Ursprung allen Werdens das Wasser. Seine Feststellung „ohne Wasser kein Leben“. Das Wasser hat die Vielheit der Dinge hervorgebracht. Also, entdecke ich eine Vielheit muß eine Einheit vorausgegangen sein. Einheit ist somit der Natur nach, der Zeit nach, der Idee nach früher. Thales hat sich somit dem späteren metaphysischen Charakter der Ideenlehre Platons angenähert. Letztlich, wenn alle Dinge wie Erde, Steine, Feuer, durch Wasser sind, dann existiert eine erscheinende und eine wahre Wirklichkeit.

Nachfolgende Philosophen der vorsokratischen Zeit haben mehr oder weniger naturphilosophische Arbeiten geliefert d.h. weniger metaphysisch.

Bei Anaximander (611-540), ein Schüler Thales, entstehen alle Lebewesen aus dem Feuchten. Der Urstoff aber (das Apeiron) muß unendlich sein, damit beim ewigen Wechsel des Entstehens und Vergehens der Seinsvorrat nicht erschöpft werde. Apeiron ist so etwas wie ganz feine Materie.
Bei Anaximenes (585-525) ist die Ursubstanz die Luft. Sie ist unendlich und immer in Bewegung. Wenn alles in Bewegung ist, muß auch der Ursprung immer in Bewegung sein. Aus ihr entstehen alle Dinge. Qualitätenbildung der Dinge entstehen durch Verbindung der Luft z.B. Verdünnung entsteht durch Wärme, Feuer; Verdichtung durch Kälte (Wind, Wolken, Erde, Steine usw.).
Heraklit (544-483): von ihm weiß man etwas mehr. Er lebte in Ephesos. Er ist schon mehr oder weniger ein Metaphysiker und ist ein Philosoph des Werdens. Ein Denker in Gegensätzen. Werden vollzieht sich dauernd in Gegensätzen. Aber er fragt sich, was ist das Prinzip des Werdens? Es soll ja Etwas werden. Im Werden muß also etwas Bleibendes sein. Sein berühmter Satz lautet: „in dieselben Flüsse steigen wir und steigen wir nicht; wir sind und sind nicht", d.h. der Fluß Kaystos (Ephesos) bleibt, aber sein Wasser wechselt unaufhörlich. Wir sind nach Namen und Art die Gleichen wie gestern, aber unsere Stoffe wechseln ständig (siehe neue Atomphysik). In diesem Werden ist somit Sein und Nichtsein. Alles Wahrnehmbare ist nur die Hälfte des Ganzen. Vereinigung von Vergänglichkeit und Stetigkeit ergibt das Ganze des Denkens von Heraklit.

Aus dem Werden entsteht nicht Chaos, sondern Kosmos. Der Kosmos entsteht, weil in den tiefen Schichten allen Werdens der Logos, Vernunft (oder Gottheit) am Wirken ist. Gottheit ist bei Heraklit noch nicht absolut transzendent (Weltvernunft, Zeus). Die gleiche Gesetzlichkeit ist auch im Menschen; und zwar in der Rede. Auch da ist im Denkprozeß der Logos am Werk: These, Antithese, Synthese. Das Gemeinsame im Menschen und im Kosmos ist der Logos. Der Mensch kann das Gesetz, das im Menschen und im Kosmos vorhanden ist, nur entdecken, weil er selber Teil des Logos ist. Das, was er an Gesetzmäßigkeit erkannt hat, auch ausdrücken kann, weil ihm der Logos die Gabe der Rede gab. Der Logos bewirkt, daß alles Werden logisch vorangeht. Logos ist das menschliche Erkennen und Logos ist zugleich auch menschliche Rede. Ferner erkennt der Mensch durch den Logos ein dreifaches. 1. sich selbst,2. die Seinsordnung und 3. die Wertordnung. Abschließend kann man feststellen, daß Heraklit auch spätere Denker der Philosophie, Hegel, Marx, und Physiker der Naturwissenschaften beschäftigt hat.

Parmenides (540-480) aus Elea (Unteritalien), ein Metaphysiker und Philosoph des Seins, wie er selber von sich sagt. Er schlußfolgert, daß jedes Denken als Gegenstand das Sein (geistiger Ursprung) braucht. Das Sein ist unentstanden und deshalb unvergänglich, ein reines, absolutes, in sich selbst ruhendes Sein. Die Summe des gleichschenkligen Dreiecks war immer und ist immer die Summe von zwei Rechtecken. Man spricht von apriorischer Vernunfterkenntnis bzw. ich gehe schon von etwas im voraus aus, oder auch, der Logos, der Ordnung macht, darf nicht Teil der Ordnung sein.

Demokrit (460-371) als Atomist und Mechanist. Er stammt aus Abdera (Thrakien).Er bringt eigentlich nur eine Weiterentwicklung des Bisherigen. Auch bei ihm steht nur das Werden und nicht das eigentliche Sein im Hintergrund. Er ersetzt das naturalistische Seiende der vorangegangenen eleatischen These durch Vielheit unteilbarer seiender Atome. Die beobachteten Dinge konnte man auf die unbeobachtbaren Atome zurückführen. Veränderung der Dinge durch Veränderung atomarer Zusammensetzung. Atome bei Demokrit metaphysisch, weil nicht greifbar, unteilbar und qualitätslos. Atom bleibt unverändert. Sie erhalten Druck und Stoß durch andere Atome. Wo aber hat die Bewegung angefangen? Demokrit kam nicht zur Erkenntnis, daß Bewegung auf ein von der Materie verschiedenes Prinzip zurückzuführen ist.

Anaxagoras (500-428); es ist auch die Zeit der großen Dichtkunst: von Aischylos (die Trilogie Agamemnon, Orest, Elektra),von Sophokles (Ödipus, Antigone), von Euripides (Medea). Durch die Tragödiendichter entstand auch das Scheitern des Menschen im Kampf gegen göttliche und menschliche Ordnungen. Das eigentliche Problem, das Anaxagoras im naturphilosophischen Bereich beschäftigt, ist wiederum das Werden. Wie ist Werden möglich? Er hat auch ein Buch geschrieben „Über die Natur“. Er übernimmt grundsätzlich die von Eleaten erarbeitenden Erkenntnisse. Es gibt kein Entstehen aus dem Nichts. Es gibt nur Veränderung der schon seienden Dinge. Er nennt das Entstehen Mischung und das Vergehen Scheidung. Alles entsteht aus dem Urgemisch der Materie, daher ist von allem etwas (Teilbarkeit der Materie). Den Hintergrund für diese Überlegungen bildet die Kosmogonie. Dieses Werden der Welt beruht auf der Annahme eines Urgemisches aller Stoffe. Alles aus dem Urzustand hervorgegangenen Dinge müssen in der Urmischung enthalten gewesen sein. Dieser Prozess der Mischung und Entmischung wird vom „Nous“ (geistige Kraft) bewerkstelligt. Dieser „Nous“ löst im Urgemisch aller Dinge eine Wirbelbewegung aus. Da das Urgemisch sich nicht selber dazu bewegen kann, bedarf es einer geistigen Kraft, den „Nous“. Der Dualismus von Geist und Materie ist ein Kennzeichen abendländischer, klassischer Philosophie.

Sokrates (469-399) aus Athen. Mit ihm beginnt die attische Philosophie. Er hat uns selber keine Schriften hinterlassen. Seine Schüler Xenophon und Platon haben über Sokrates berichtet. Sokrates war überzeugt, daß die Unwissenheit den Menschen gefangen hält und davon wollte er sie befreien. Er hat das Wissen methodisch angegangen bzw. befaßte sich mit der Bildung von Allgemeinbegriffen und das Denken in Allgemeinbegriffen angestoßen. Er stellt z.B. die Frage „was ist Tugend“ (Arete)? Die Antwort, die man S. in Athen gab: Tugend im Sinne von Tätigkeit ist, wenn man im Staat herrschen kann, seinen Freunden nützen, seinen Feinden schadet, wenn man tapfer, besonnen und klug ist. Darauf sagte S.: was du jetzt geantwortet hast sind nur Beispiele für die Arete, aber das ist doch nicht die Arete (Tugend) selbst. Da muß doch etwas Gemeinsames in den genannten Verhaltungen sein. Damit wird das Allgemeine (hier die Tugend) zugleich das Wesentliche. Tugend gehört bei S. zur Ideenwelt und ist somit für alle Menschen, gleich wo, gültig. Im „Phaidon“ mahnt er, man solle nicht aufhören nach der Wahrheit zu suchen. Leben und Lehre stimmten bei ihm überein. Er akzeptierte 399 sogar dafür das Urteil durch Giftbecher, obwohl ihm seine Schüler zur Flucht helfen wollten.
Platon (428-347) in Athen (hier müssen wir etwas weiter

ausholen).
Mit 20 Jahren hat sich Platon dem Sokrates angeschlossen. Nach seiner Rückreise von Syrakus, wo er mit „Dion" seinen philosophischen Staat gründen wollte, aber scheiterte, gründete er in Athen die „Akademie" (368 kam auch Aristoteles in die Akademie). Platon war der Ansicht, daß die Menschen nicht eher von ihren Leiden erlöst werden bis entweder die wahren Philosophen zur Herrschaft im Land kommen oder die Staatsmänner sich mit echter Philosophie beschäftigen. Er hat zahlreiche Schriften abgefaßt (fast alle in Dialogform). Empfehlenswert zu lesen sind: die Apologie (Verteidigungsrede des Sokrates), Menon (von der Wiedererinnerung des Sklaven), Symposion, Phaidon (Verklärungsschriften Sokrates), Politeia (mit Höhlengleichnis), darin verarbeitet er seine ganze Philosophie; zum Schluß Phaidros (die Gesetze). Die Ideenlehre ist angeregt worden in seiner Auseinandersetzung mit dem Tugendbegriff Sokrates. Frage: woher haben wir eigentlich unser Wissen? Das Wissen kann nicht aus der Erfahrung stammen, sondern ist ein schon vorhandenes, was zu suchen und zu finden ist. Erfahrung ist immer vergänglich. Es gibt daher in den Dingen etwas Bleibendes, Nichtvergängliches, Zeitloses.

Bei Platon sind die mathematischen Symbole festgelegt in einer Idee. Wir bringen bei der Sinneswahrnehmung das Zeitliche hinzu. Das Zeitlose, die Idee ist schon vor meiner Entdeckung da. Platon nennt diesen Vorgang „Anamnesis" (Wiedererinnerung aus der Idee). Im Dialog „Menon" bringt Sokrates durch geschickte Fragen einen Sklaven dazu schwierige, geometrische Formen in den Sand zu schreiben. Wie ist das möglich? Der Sklave hat von Mathematik nicht die geringste Ahnung. Platon sagt dazu, daß sich der Sklave wiedererinnert an das frühere Leben. Hier kommt der Mythos der Präexistenz der Seele herein.

Die Sätze der Mathematik sind zweifelsfrei richtig, denn hier ist „Sein“, nicht „Werden und Wechsel“. Im Staat schreibt Platon „Geometrie ist die Erkenntnis des ewig „Seinden“. Beispiele: Punkt ist das, wovon es keinen Teil gibt, Linie ist die Länge ohne Breite. Es gibt das Quadrat an sich und das Dreieck an sich. Sie sind Musterbilder aller irdischen Figuren, obwohl sie in der Erfahrungswelt so nicht vorkommen.

Die höchste Idee für Platon ist immer das „Agathon“= das Gute im Sinne des Vollkommenen. Durch das Gute treten alle Gegenstände ins Dasein. Ohne den Idealbegriff der absoluten Wahrheit gäbe es kein wissenschaftliches Forschen. Ohne die Idee der Schönheit würde kein Künstler ans Werk gehen. Wir sagen, daß ein Gegenstand Sein hat oder Nichtsein hat. Das setzt bereits ein allgemeines Wissen voraus, nicht was uns die Sinne vermittelt haben. Auch wenn wir sagen, daß ein Gegenstand gut sei oder nicht gut sei. Diese Einsicht geben uns die Sinne nicht. Urteile geben die Sinne auch nicht. Urteilen kann nur der Verstand. Bei der Beurteilung der Dinge und Verhältnisse verwenden wir Begriffe, die nicht aus der sinnlich wahrnehmbaren Welt stammen. Wir reden z.B. von der Gleichheit und finden doch den Begriff Gleichheit in den Dingen niemals verwirklicht. Die Gleichheit an sich ist also ein begrifflicher Maßstab, den wir bei der Beurteilung zugrunde legen. Gleichheit selber ist bei Platon eine ewige Idee. Das gleiche gilt auch für das Schöne, Gerechte, Gute usw.. Jedoch bestehen alle Ideen aus der einen Einheit der Idee des „Guten“., des Göttlichen. Platon ist aber ehrlich genug zu sagen, daß das Göttliche zu groß ist, um ihm näher zu kommen. Das letzte Wissen über das Göttliche ist für Platon unaussprechbar. Das Wesen der Philosophie besteht deshalb nur im Suchen nach Weisheit und nicht im Besitz der Weisheit zu sein.

Aristoteles (384-322), genialster Schüler Platons, größter Systematiker des Altertums. Seine Suche nach Synthese zwischen Glauben und Wissenschaft, von Natur und Übernatur hat die Nachwelt bis heute beschäftigt. Er hat durch seine Begrifflichkeit und seiner Logik das Denken des Abendlandes geprägt. Später sagt Kant „die Logik Aristoteles kann man nicht mehr weiterentwickeln“. Er hat als erster erkannt, daß der Geist selber bestimmte Strukturen aufweist und seine Tätigkeit nach bestimmten Schritten vollstreckt. Denken vollzieht sich in drei Schritten. 1. Begriff, 2. Urteil, 3. Syllogismus (Schlußfolgerung von Vernunft, die aus Begriff und Urteil besteht).

Lt. Aristoteles sind Realitätsbegriffe nicht naturalistisch, besonders die Werte. Der Begriff hat zwei Bedeutungen. Die Nominaldefinition, die nicht das Wesen erfaßt, und die Realdefinition, die das Wesen erfaßt. Sein guter Vergleich: „mächtige Realitäten sind hinter den Dingen; nicht die Schwerter töten, sondern der Mensch“. Die Begriffe lassen sich in zehn Kategorien einteilen. Eine Substanz, die das Wesen erfaßt und das sich nicht ändert, sowie neun Akzidentien, das was sich ändert, z.B. der Quantität (Ausdehnung), der Qualität, der Relation (Lage), der Aktion, der Passion (Leiden), etc.. Substanz hat Sein in sich selber, das sich nicht ändert, Akzidentien haben nähere Bestimmung der Substanz. Die gleiche Vorgehensweise gilt für das Urteil. Zwei Begriffe verbunden ergeben ein Urteil, wo der Sitz ist von wahr und falsch. Der Urteilssatz besteht aus einem Hauptwort als Subjekt und einem Verbund, der hauptsächlich im Prädikat „ist" besteht, z.B. der Mensch ist gesund. Mensch bleibt unverändert, gesund als Akzidens kann sich ändern. Andere Beispiele: der Mensch ist auf den Markt (Akzidens des Ortes); der Mensch ist 2m groß (Akzidens der Quantität).

Wichtigster Teil seines Werkes ist die Wissenschaft von den letzten Ursachen bzw. vom „unbewegten Beweger". Bei Aristoteles setzt sich jedes Ding aus Materie und Form zusammen d.h. Materie plus der formellen Gestaltung. Das System nennt er „Hylemorphismus"-Hyle=Materie, morphe=Form-. Durch Analogieschluß ist A. von der Kunst auf die Natur übergegangen. Er hat Materie und Form am Künstlerschaffen entdeckt. A. hat der Materie jede Art von Sein abgesprochen. Die Form ist das Prinzip, das ein Ding wird. Die Form ermöglicht das Sein. Die Materie hat nur der Potenz nach (der Möglichkeit nach) das Sein in sich. Form ist das Wirkende, aktive Prinzip, Materie ist passiv. Wodurch wird der Marmorblock zur Statue? Nur durch die Form. Art und Sein wird dem Gegenstand durch die Form verliehen, daß hier ein Mensch oder ein Hund wird. Materie und Form bedürfen einander. Deshalb werden sie „Konprinzipien" genannt. Die Form übertrifft wesentlich die Materie. Form ist das Schöne, Materie das Häßliche. Materie strebt aber nach der Form, nach dem Höheren. Das ist das dynamische Prinzip bei Aristoteles, das die ganze Natur durchwaltet, „Entelechie“ genannt. Alles Werden geschieht um eines Zweckes wegen. Letztlich ist der Zweck, daß die Materie durch die Form vollendet wird.

Was ist Bewegung? Ein ständiger Übergang von Potenz zum Akt. Bewegung ist Verwirklichungsprozess des Möglichen. Ausgangspunkt ist natürlich, es gibt kein Entstehen aus dem Nichts, aber alles, was wird, ist schon der Möglichkeit nach, hat Sein der Möglichkeit nach. Der Same ist der Anlage nach, der Potenz nach, bereits der Baum. Der Marmorblock der Potenz nach schon Statue. Unser geistiger Erkenntnisprozess geschieht durch ständigen Übergang vom Nichtwissen zu Wissen, von der Möglichkeit zur Wirklichkeit. Das Ziel existiert durch die Idee. Daher muß die Idee, das Geistige, zuerst sein, d.h. auch man kann ein Mögliches nur denken, wenn das geistig Wirkliche schon vorhanden ist. Der Baum ist also früher als der Samen, oder auch „das Ganze ist immer früher als die Teile“. A. versucht alles auf die Formursache zurückzuführen, um den Zufall auszuschalten.

Wenn etwas zweckmäßig erscheint, kann das durch Zufall entstanden sein? Was immer und überall ist, geschieht nicht mehr zufällig, sondern dafür muß ein eigenes Prinzip angenommen werden. Alle Tätigkeit ist vom Wissen her auf ein Ziel gerichtet. Der Zweck ist früher als das Naturgeschehen. Die Zielstrebigkeit allen Wirkens kann nur dann sinnvoll angenommen werden, wenn es ein überempirisches Ziel gibt. Der 1. unbewegte Beweger darf nicht gedacht werden als ein rein mechanisch wirkender, sondern als etwas von idealer Seinsweise. Alles Sein und Werden kommt bei Aristoteles und Platon dadurch zustande, weil das Niedere sein will wie das Höhere oder anders, die Materie sehnt sich nach Vollendung durch die Form. Der letzte unbewegte Beweger ist die reine Form und nach ihr strebt alle Materie. Bewegung und Beweger müssen somit immateriell sein. Es ist Denken und Gedachtes zugleich. Er braucht nicht neue Dinge denken. Hinter den Systemen von Platon und Aristoteles steht die Weltanschauung: alles will werden wie die Idee. Die Idee ist die Liebe, die Wahrheit, die Schönheit, das Gute. Wir sind immer unterwegs und haben die Aufgabe mehr zu werden. Das „Magis" ist uns als Aufgabe gestellt. Man kann Schließlich sagen: die Evolution hat den Zweck die Idee zu verwirklichen.

In der Folgezeit prägen zwei philos. Schulen den Hellenismus, Epikur und die Stoa.
Epikur (341-270) war attischer Herkunft, auf Samos geboren. Er wollte persönliche Glückseligkeit durch lebenslangen Lustgewinn (Eudaimonie) und Überwindung der Furcht durch Tod und Götter. Sich bei Wasser und Brot genauso glücklich fühlen wie im Besitz aller Güter dieser Welt zu sein. Er wollte sicherlich weniger praktische Philosophie als Lebensweisheit bieten, wie Lebensbejahung, Bescheidenheit, Freundschaft.

Die Schule Stoa gründete Zenon, geb. 333 v.Ch. in Kition(Zypern). Er war ein entschiedener Gegner Epikur`s Lehren. Wenn die Lust der Urtrieb und deshalb das Lebensziel des Menschen sein soll, dann degradiert Epikur den Menschen zum Tier und verkennt die Hoheit des Logos (die Logoslehre übernahm Zenon von Heraklith).

Kleanthes (331-233) wurde sein Nachfolger. Sein Vorbild war Sokrates. Es war eine Schule der „Kyniker". Später wurde „Kyniker" zynisch gebraucht, weil ihre übertriebene Tugendlehre (Bedürfnislosigkeit wie bei Diogenes) zur Schau gestellt wurde. Der Gottesbegriff der Stoiker war pantheistisch. Die Vernunft kann sich durch die Erfahrung sittlicher Bewertung bilden. Also ein sinnliches, natürliches Vermögen. Man braucht deshalb ein apriorisches Bewußtsein, das uns gut, schlecht unterscheiden läßt. Die Stoiker nannten das „angeboren sein". Für die Existenz Gottes spricht schon der „consensus gentium", d.h. die Übereinstimmung aller Völker in dieser Frage nach einem überirdischen Wesen. Während für Epikur alles Zufall war, sprechen die Stoiker von einem teleologischen Beweis. Die Welt, in der wir leben, ist in allen Teilen zweckmäßig und vollkommen eingerichtet. Wer sie als Werk des Zufalls ansieht, könnte ebenso gut glauben, das Gedicht „Ilias" sei durch Ausschütten von Buchstaben entstanden. Wie wir bei jedem Haus von einem Erbauer, bei jedem Kunstwerk auf einen Schöpfer schließen müssen, so müssen wir auch beim größten Kunstwerk der Welt, einen Bildner annehmen.

Die Seelenlehre der Stoa war nicht reines immaterielles Gedankengut wie bei Platon und Aristoteles. Das Zentralorgan der Seele ist feinster Stoff. Das Seelenpneuma verliert Spannkraft und wird sich im Weltall auflösen. Zenon zog aber eine scharfe Grenze zwischen dem Seelenleben des Menschen und der Tiere. Die Stufenfolge der Seienden war entscheidend, d.h. die höhere Einstufung des Vernunftwesens, die unbedingte Herrschaft des Logos über das Triebleben. Damit kam die Änderung von der rein materiellen zur immateriellen Weltanschauung zustande. Cicero schrieb später „kein Volk ist so roh oder überkultiviert, daß es nicht eine Gottesvorstellung hätte“. Die Tugendlehre der Stoa besteht im Erkennen und Erlernen der Tugend. Sie ist nicht angeboren. Die Aussage „ein Mensch der im Besitz der Tugend ist, vollbringt nur gute Taten, wer sie nicht besitzt, dessen Handlungen sind stets fehlerhaft“, erinnert an die Bibel, „ein guter Baum bringt gute Früchte, ein schlechter bringt schlechte Früchte“. Der stoische Mensch ist auch frei von Leidenschaften, auch gegenüber seinem Tod. Nach dem kosmologischen Gesetz läuft das Leben in einer bestimmten Linie ab: Kindheit, Jugend, Erwachsenenalter, Greisenalter, an deren Ende der Tod steht. Der Tod kommt nicht von außen, sondern gehört zum Leben selbst. Der Mensch kann allein durch seine Haltung den Tod versittlichen (Sokrates).

Panaitios (180-100). Von Rhodos. Er war der Begründer der „mittleren Stoa“. Er brachte die stoische Philosophie nach Rom. Er lehnt Metaphysik und Mystik ab. Als einziger Stoiker kennt er keine Pflichten gegenüber Göttern.

Skipio Africanus Minor (185-129) öffnete ebenfalls dem römischen Denken die griechische Kultur und Bildung. Er war der Zerstörer Karthagos.

Marcus Tullius Cicero (106-43) .Er hatte Cäsar als Gegner. Seine Schriften haben griechische Ethik mit altrömischer Gesinnung verbunden. Man sagt, er hat dauernd philosophiert. Sein Einfluß auf das Abendland war sehr groß. Das

Naturrecht leitet sich vom Logos ab (Rückgriff auf Heraklith: alle menschlichen Gesetze nähren sich vom Göttlichen). Alle Menschen haben den Samen des Logos in sich. Daher sind alle gleich und haben dasselbe Recht. Zur Humanitas bei Cicero gehört auch die Freundschaft (amicitia). Bei den Römern bestand sie auf Gegenseitigkeit, bei Cicero ist sie eine wahre gefühlsbetonte Seelengemeinschaft. Cicero übernahm von Panaitios, daß der Staat in der Natur des Menschen begründet ist; der Staat ist im Menschen angelegt. Ein Staat ohne Gerechtigkeit verdient nicht Staat genannt zu werden. Unerschütterliches Fundament des Staates ist die Iustitia, das Naturrecht des Logos; nicht formales Recht (positives Recht), das in Diktatur gipfelt – was der Führer sagt, ist Recht. Die Stoa der Kaiserzeit wurde auch besonders beeinflußt durch Seneca.

Seneca (4v.Ch. -65 n.Ch.) aus Cordoba (Spanien). Sein Ausspruch war „ungeboren ist, wer sein Leben nicht in Einklang mit der göttlichen Weltordnung führt“. Allein Philosophie kann zum Ziel führen. Sie ist die Wissenschaft vom Leben und Sterben. Senecas 20 Moralbriefe geben ein Bild über die Sitten und Laster. Die Einteilung der Philosophie im Schulbetrieb lautet: Logik ist wie die Wurzel des Baumes, Physik der Stamm, Ethik wie die Krone des Baumes. Bereits beim hl. Augustinus gehörte die Stoa zur Allgemeinbildung. Der Logos muß beherrschende Macht im Staat und Einzelmenschen sein. In der Stoa ist der Logos der Zentralbegriff. Seneca machte täglich Gewissenserforschung. Der sittliche Wert allein war für ihn Maßstab für die Rangordnung des Menschen. Ziel der Stoa ist deshalb sittliche Selbsterziehung, ein naturgemäßes Leben, das allein von der Vernunft geleitet wird. Nach Seneca sei der Tod Geburtstag des ewigen Leben. Kaiser Nero hat Seneca, obwohl sein Erzieher, später zum Tode verurteilt. Seneca war ein Mann der inneren Revolution. Für Seneca stand das Ganze über den Teilen und Logos ist ein Aussprechen der Gedanken in Worten. Da das Denken mitteilsam ist, ist der Logos immer im Gespräch mit sich selbst oder mit anderen. Daher bezeichnen die Griechen die Rede, das Gespräch als Dialog und empfanden darin auch die Gesetzmäßigkeit und Folgerichtigkeit. Schon bei Heraklith war eine Erkenntnis der Außenwelt nur möglich, weil derselbe Logos, der Mensch ist, auch im Kosmos waltet und das äußere Geschehen nach den selben Gesetzen regelt wie das Denken.

Augustinus (354-430) war Bischof von Hippo(heutiges Algerien) und er starb dort während der Belagerung durch die Vandalen. Er schuf eine geistige Verbindung von der Antike zum Mittelalter und darüber hinaus zur Neuzeit. Neu ist auch, er sieht sich als Einzelner vor Gott, er ist ein endlich, preisgegebenes Wesen und doch Träger eines ewigen Sinnes. Dieses Problem sieht das Mittelalter noch nicht, sie stellt sich erst bei den Denkern der Neuzeit. Hans Mayer: „Augustinus philosophiert aus der Unruhe seines Erlebens heraus und so ist er ein wirklicher Existenzphilosoph. Selten ist ein Mensch so von der Tatsache des zeitlichen Lebensanfang und des Todes beunruhigt worden". Und Jaspers schreibt noch: „nie hat der Mensch vorher so seiner eigenen Seele gegenübergestanden, nicht Heraklith, nicht Sokrates und Platon, denen doch alles am Heil der Seele lag". Das Betroffensein des Augustinus kann in den Satz gefaßt werden: Questio mi hi factus est- ich bin mir selbst zur Frage geworden. Was Gott und die Seele ist, ist nach Augustinus nur zu erkennen durch die Einkehr in das eigene Innere. Das ist der Raum, wo sich Gott und Mensch unmittelbar berühren. Daher die Mahnung in „de vera religione“: geh nicht nach außen, in dich selbst kehre ein, im Innern des Menschen wohnt die Wahrheit. Augustinus Weltbild ist vom menschlichen Ich aus geformt.

Seine Philosophie ist eine Metaphysik der inneren Erfahrung. Augustinus Frage nach der Wahrheit gehört zum Grundbestand aller philosophischen Fragen. Doch den Weg zur Wahrheit geht Augustinus nicht systematisch. Zeitlebens hat er über das Problem möglicher, absoluter Wahrheiten nachgedacht. Sein eigenes Leben muß in dieser Suche mit einbezogen werden. Zuerst war er Anhänger der Akademie-Schule (Platon`s Gründung). Die Akademiker bestreiten nicht die Existenz einer absoluten Wahrheit, aber ihr Erkennen. Sie fordern,man solle sich deshalb mit Wahrscheinlichkeiten begnügen und danach handeln. In der Auseinandersetzung mit den Akademikern formuliert Augustinus Einsichten, die zum bleibenden Bestand menschlicher Erkenntnissicherung gehören: von Wahrscheinlichem kann man nicht reden ohne die Wahrheit zu kennen. Wahrscheinlich ist das, was dem Wahren ähnlich ist. Der Beweis, daß es eine sichere Wahrheitskenntnis nicht gibt, wäre zugleich der Beweis, daß diese Behauptung unrichtig ist. Es geht eigentlich um die Erreichung der Selbstgewißheit, was später Descartes wieder zum Ausgangspunkt machen wird. Der Zweifel an aller Wahrheit scheitert an der Gewißheit des „Ich bin“. Also ist Selbstgewißheit möglich. So heißt es auch bei Descartes nicht: Cogito ergo sum, sondern denkend bin ich! Über Descartes

hinaus hat Augustinus nicht nur die Selbstgewißheit des Denkens, sondern die des Bewußtseins überhaupt begründet.
Beim Begriff Wahrheit ist zu unterscheiden zwischen a) Wahrheit über ideale Sachverhalte. Diese gelten notwendig und für immer z.B. mathematische Sachverhalte. b) Erfahrungen aufgrund von Sinneswahrnehmungen über diesen oder jenen Körper. Diese Erfahrungswahrheiten können sich ändern. Quelle der Wahrheit nach b) kann nicht die Sinneswahrnehmung sein, denn sie gehört der Welt des Werdens an, in der sich dauernd alles ändert. Das Werden ist Schein; nur im Sein ist Wahrheit. Platon`s „echtes Wissen“ (Episteme) gibt es nur in der Welt der ewigen Ideen.
Wie schon erwähnt, Augustinus geistiges Werk ist auch in der Neuzeit von großem Interesse. Ein intensiveres Studium seiner Werke ist deshalb empfehlenswert.

Cassidor (ca. 490-520). Rettung des antiken Erbes in das Mittelalter. Er war ein Zeitgenosse Boethius. Zuerst eine kurze Betrachtung Boethius über die Glückseligkeit in seiner Arbeit „Consolatio Philosophiae“ (Tröstung der Philosophie). Die Philosophie zeigt dem Boethius sehr oft die falsche Glückseligkeit. Geld, Ehre, Macht, Ruhm, Lust usw. sind nur Teilgüter; man erstrebt sie zwar, aber sie bringen keine echte Befriedigung. Reichtum macht nicht glücklich und hebt nicht die Geldgier auf. Ehrenstellen schaffen keine innere Würde, Anerkennung ist relativ.

Nachdem alle Scheinwerte geprüft sind, erkennt Boethius, daß sie nicht zum Glück führen können. Ein unzerstörbares Glück kann nur Im Besitz des Guten bestehen. Das Gute aber ist identisch mit Gott. Die wahre Glückseligkeit wird weiter untersucht: Zunächst weist die Philosophie nach, daß das vollkommene Gute nicht nur ein Begriff ist, sondern in der Wirklichkeit existiert, weil a) alles Unvollkommene setzt notwendigerweise ein Vollkommenes voraus, b) Gott ist der vollkommene Gute, von ihm aus kann nichts Besseres gedacht werden. Das vollkommene Gute ist zugleich die vollkommene Glückseligkeit.; ergo ist sie bei Gott zu finden.

Dies waren nur Kostproben aus der „Consolatio". Das Werk schließt mit den Sätzen: Gott teilt Lohn den Guten und Strafe den Bösen zu. Darum kehrt ab von den Lastern, pflegt die Tugend, erhebt euere Herzen zur rechten Hoffnung und sendet in Demut euer Gebet zum Himmel. Groß ist die euch zur Pflicht gemachte Rechenschaft. Ihr handelt vor den Augen eines allwissenden Richters (übersetzt von Hirschberger).Boethius ist es jedenfalls gelungen aus der antiken Philosophie heilende und beruhigende Stärkung zu schaffen.

Wie schon erwähnt, Cassidor war ein Zeitgenosse Boethius, vielleicht sogar ein Kollege am Hofe Theoderichs. Cassidor verließ als 50-jähriger die Welt und ging in das Kloster „Vivarium" (Kalabrien), das er selbst gegründet hat. Ursprünglich wollte er im Zusammenwirken mit Papst Agapetus in Rom eine Universität gründen nach dem Vorbild Alexandriens. Der Plan scheiterte an der Instabilität der Verhältnisse. Nun brachte er das geistige Erbe des Abendlandes, das der damalige Staat nicht mehr schützen konnte, in sein Kloster. Diese besaß eine riesige Bibliothek, die das gesamte Schrifttum der griechisch-römischen Dichtung, Philosophie und Geschichtsschreibung umfaßt hat. Cassidor begründete den mönchischen Brauch des Übersetzens und Abschreibens der klassischen Texte. Der Schritt Cassidors symbolisiert den Eintritt der antiken Kultur in die enge Zelle des Mittelalters (so schreibt Piper in seiner Scholastik S. 56f).Mit dem Begriff „Mittelalterliche Philosophie“ verbindet sich der Begriff christliche Philosophie. Wir müssen uns klar werden darüber was die christliche Philosophie ausmacht. Denn christlich verweist auf den Glauben. Glaube ist Wort des offenbarenden Gottes und Philosophie ist die Suche nach der Weisheit, die sich mit den Kräften der Vernunft vollzieht. Glaube kommt von oben her, Philosophie ist ein Werk von unten her.

529 wurde durch Kaiser Justinian die Akademie in Athen geschlossen. Diese war wohl über 800 Jahre das Zentrum philosophischen Denkens und Lehrens. Die Heimstätte der heidnischen Philosophie; ihr wurde nun eine christliche entgegen gesetzt. Der Einschnitt, der damit in das philosophische Denken in seiner Weiterentwicklung gemacht wurde, ist viel größer als etwa „der Schritt von Thales zu Sokrates oder von Platon zur Stoa“ (Pieper). In der Weiterentwicklung der Philosophie liegt nun das Faktum der „Inkarnation“ dazwischen, weshalb die Philosophie mehr nachdenken muß über die Wirklichkeit des Ganzen, den Sinn des menschlichen Lebens bzw. Daseins. Das zweite Ereignis, das auch als Symbol einer Wende verstanden werden kann, ist die Gründung von „Monte Cassino“ durch den hl. Benedikt, ebenfalls um 529. Die Kulturstätten verlagerten sich weg von der Antike, zunächst nach Ravenna, Verona, Pavia, nach Norden Canterbury, Paris, Oxford, Köln.

Philosophie des Mittelalters im eigentlichen Sinn ist die „Scholastik". Man versteht darunter die in den Schulen des Mittelalters (von Karl d.Gr. bis zur Renaissance) gelehrten Fächer der „sieben freie Künste (artes liberales). Diese umfaßte a) das Trivium Grammatik, Dialektik, Logik und die gesamte Philosophie, Rhetorik mit Ethik; b)das Quadrivium, Arithmetik, Geometrie, Musik, Astronomie. Der Lehrbetrieb der hohen Schule verlief so:der Lehrer hielt die „lectio", bei der er alleine zu Wort kam. Dann folgte die „disputatio", eine freie Aussprache zwischen Lehrer und Schülern, in der Argumente für und gegen einer These vorgebracht werden. Zwei Dinge zeichnen Scholastik aus: Objektivität und logische Schärfe. Die Anfänge der Scholastik liegen, wenn man vom Werk des Boethius absieht, im Werk Karl des Großen. Mit ihm kam nicht nur eine neue politische Ordnung, sondern auch neues geistiges Leben: „die Karolingische Renaissance". Den Beginn hat man auf das Jahr 781 festgelegt. Damals begegnete K.d.G. den bedeutendsten Kopf seiner späteren Hofschule, den „Alkuin aus York". Mit ihm entstand die berühmte Buchkunst (lebhafte Bildgestaltung) durch seinen Schreiber „Godescale".

Auch an der Hofschule „Karl des Kahlen" mit der die Karolingische Renaissance endete, entstanden bedeutende Kunstwerke, so der „Codex Aureus", heute in der Staatsbibliothek München, und das Krönungsevangeliar, das der Papst als Dank für die Kaiserkrönung erhielt. An dieser Hofschule lehrte der erste scholastische Philosoph von Bedeutung, der Ire „Johannes Scotus Eriguena" (Schottland und Irland gehörten damals zusammen). Er lebte von 810-877. Sein Hauptwerk „De Divisione Narurae" handelt von

Gott als der höchsten Ursache, von den Ideen, von den geschaffenen Dingen und ihrer Rückkehr zu Gott. Nachdem alle Bewegung Sehnen nach dem Schönen und Guten ist, muß der ganze Weltprozeß eine Hinbewegung zu Gott sein.

Nochmal zurück zu Philo von Alexandrien. Wie erwähnt war er bemüht um eine Synthese aus antiker, griechischer Philosophie und altem Testament, weil der Logosbegriff bei ihm eine große Rolle spielte. In diesem Zusammenhang ist der Inhalt des Johannesprologs sehr interessant. Er hängt zweifellos mit dem Griechen zusammen. Die innerbiblische Herleitung scheitert daran, daß im alten Testament zwar gelegentlich vom Wort Gottes als einer handelnden Größe gesprochen wird (Weisheit 9.1 u.a.), doch ist das Wort Jahwes keine Person. Philo identifiziert die spätjüdische Weisheit mit dem Logos. Er ist eine mittlerische Potenz zwischen Gott und Schöpfung. Es werden ihm göttliche Prädikate zugeschrieben. In all diesen Hinweisen fehlt aber die Fleischwerdung des Logos, die eigentliche Frohbotschaft des Johannesprologs. Der Logos wirkt nicht mehr geistig, indem er Mikro- und Makrokosmos durchwaltet, sondern leibhaftig in einem sterblichen Menschen. Er tritt ein in unsere Geschichte mit der vollen Realität der menschlichen Vergänglichkeit als sarx (Fleisch). Dieses Ereignis sprengt den jüdisch-griechischen Horizont. Religionsgeschichtlich findet sich zu dieser Aussage keine Parallele. Im Grunde ist Person kein philosophischer Begriff, sondern wir wissen davon aus der Offenbarung: Person ist das Ergebnis des schöpferischen Rufes Gottes „ich will , daß es dich gibt“. So ist der Mensch ein Jemand mit Namen. Außerdem: das Sittengesetz legt mir ein „Sollen“ auf,

deshalb bin ich frei; beim „Müssen“ wäre ich es nicht!
Noch einige Hinweise zur Scholastik. Man fragt sich, von woher kommt der Stoff der Scholastik? Ausgangspunkt sind „Timaios“ und „Phaidon“ von Platon, durch Cicero und Boethius ins Lateinische übertragen. Ausbildung durch große Schulen, gewöhnlich nach Orden benannt, war charakteristisch für die Scholastik. Weil sich die menschliche Vernunft auf dem Gebiet des Glaubens nicht ausschalten läßt, ist man um eine Harmonie zwischen Glauben und Wissen bemüht. Man ist überzeugt, daß die Geistigkeit des Menschen –durch seine Offenheit auf das Absolute hinfähig macht, eine Antwort Gottes zu hören, und weil der Mensch schon um das Gute weiß, kann er sagen „das ist gut“. Außerdem darf man von der Gültigkeit der fundamentalen Seinsprinzipien ausgehen: a) vom Kontradiktionsprinzip (ein Seiendes, insofern es ist, kann nicht zugleich nicht sein), b) vom Kausalitätsprinzip (jedes Kontingent Seiendes braucht eine Wirkursache).

Anselm von Canterbury (1033-1109).Er schuf zwei Hauptwerke, das „Monologion“ und das „Prologion. Darin will er auch diejenigen allein durch Vernunft vom Dasein Gottes überzeugen, die noch nichts von der Glaubenslehre wissen. In der Hochscholastik trat als Beweisführung der Kausalitätsbeweis in den Vordergrund. Im Monologion wendet Anselm den Gottesbeweis aus der Stufenordnung der Welt an.
Anselm, ab 1078 Abt des berühmten Klosters „Le Bec“ an der unteren Seine, war einer der berühmtesten Gestalten des Mittelalters. Mit dialektischer Schärfe und spekulativer Begabung versucht er den Menschen allein durch Vernunft, auf streng wissenschaftlicher Art, den Glauben an

Gott näher zu bringen. Bestechend sind seine Worte „der Glaube sucht den Intellekt“ (ich glaube, damit ich verstehe“). Durch den Glauben wird auch das Erkennen erweitert. Anselms Beweise zielen auf die Existenz und das Wesen Gottes ab. Anselm hält es für selbstverständlich, daß ein – und dieselbe Wertqualität, die von verschiedenen Dingen ausgeht, auch ein- und dieselbe ist. Das Gerechtsein z.B. verschiedener Verhältnisse rührt von ein- und derselben Gerechtigkeit her. Ähnlich sind alle guten Dinge durch ein– und dasselbe Prinzip „gut“. Anselm überträgt diesen Gedanken auf das Sein der Dinge. Das Eine steht über der Vielheit. Dieses Eine ist wie das höchste Gut, auch das höchste Sein. Beide sind identisch. Beide Gedankengänge operieren mit dem platonischen Teilhabegedanken.

Im Stufenbeweis ist die Seins- und Werthaftigkeit der Dinge die Grundlage, und zwar in den Abstufungen des anorganischen, vegetativen,sensitiven, geistigen Seins. Diese Stufenleiter muß nach oben einen Abschluß finden. Und zwar mit einem Höchsten, einem absolut Seienden. Sein Werk „Prologion“ enthält den ontologischen Gottesbeweis. Folgender apriorischer Gedankengang liegt zugrunde: alles Unvollkommene setzt ein Vollkommenes voraus und dieses ist dem Sein nach früher. Da aber Unvollkommenes in der Realität existiert, gibt es um so mehr ein Vollkommenes als Realität, von dem das Unvollkommene nur ein Abbild ist. Die Auseinandersetzung mit Anselms ontologischem Argument beginnt mit dem Angriff des Mönchs Gaunilo und geht über Thomas von Aquin bis zu Kant (Descartes, Leibniz u.a. verwenden aber wieder den Gedanken Anselms). Gaunilo schrieb im Buch für einen Narren: aus dem bloßen Denken eines Gegenstandes könne man nicht dessen wirkliche Existenz ableiten.... Anselm erwiderte darauf im „liber apologeticus“: das was nicht größer gedacht werden kann, ist das, was nicht Anfang noch Ende hat; was Gott allein zukommt. Bei ihm fallen Wesen und Existenz zusammen. Anselm steht natürlich auf dem Boden der augustinischen und platonischen Erkenntnislehre. Somit bestand für ihn eine Parallelität von Denken und Sein.

Ein kurzer Überblick über das „Universalienproblem“. Es geht hier um die Frage, kommt den Allgemeinbegriffen Realität (Realismus) zu oder sind sie nur Gedankenspiele (Konzeptualismus) oder gar nur Worte (Nominalismus). Die großen Lösungsversuche des Universalienstreits waren also a) Realismus und b)Nominalismus. Der Realismus entstand unter dem Einfluß der platonisch- augustinischen Denkweise. Ideen sind das wahrhaft Seiende und in diesen existieren die Individuen. So ähnlich nahm auch Meister Eckhart zu diesem Problem Stellung. Die Seinsentfaltung ist ein dialektischer Prozeß. Gott ist das Sein, die Wesenheit der Dinge, und die Welt ist eine Theophanie Gottes. Der Weltprozeß gleicht einem Herabstieg vom Allgemeinen zu weniger Allgemeinen, durch die Gattungen, Arten bis zum Individuum. Die niedrigeren Seinsstufen sind zwar unterschiedlich, aber geeinigt mit den höheren. Grenze zum Pantheismus! Anselm und der christliche Realismus vermieden diese Klippe: Gott hat die Welt nach ewigen Ideen ins Dasein gerufen. Sie drücken das innerste Wesen der Dinge aus, das Allgemeine und Bleibende.

Peter Abelard (1079-1142) war der wesentliche Begründer des Nominalismus. Abelard steht neben Anselm von Canterbury als eigentlicher Begründer der scholastischen Theologie, nicht wegen ihrer Lehren, aber ihrer wissenschaftlichen Methode. Für unser Problem ist Abelard durch seinen Beitrag zur Lösung der Universalienfrage von Bedeutung. Seine Lehre: was wirklich ist, muß immer individuell sein. Echtes Wissen gibt es nur vom Einzelding (er war also kein Platoniker). Allgemeinbegriffe liegen für ihm nur auf der Ebene von Meinungen. Sie begründen kein echtes Wissen, denn sie sind „imagines confusae" (verworrene Vorstellungen).Es wäre falsch sie als bloße Worte zu bezeichnen, sie sind aber auch kein Wissen um das Innere der Dinge, das nur Gott besitzt. Entsprechend „Hauser" in Sozialgeschichte der Kunst und Literatur: „Das Problem, um das sich der Universalienstreit dreht , ist nicht nur das Zentralproblem der Philosophie. Es ist der Inbegriff der Lebensfragen, zu denen man Stellung nehmen muß, sobald man sich seiner geistigen Existenz bewußt wird. Der gemäßigte Nominalismus, der die Realität der Ideen zwar nicht leugnet, sie aber untrennbar von den Dingen der Erfahrungswirklichkeit betrachtet, ist die Grundformel des ganzen gotischen Dualismus. Realismus war Ausdruck einer wesentlich undemokratischen und statischen Gesellschaftsordnung. Nominalismus bringt den Sieg des Individuellen, sichert jedem Einzelding seinen Anteil am Sein und entspricht einer Lebensordnung, die auch den Niedrigsten soziale Aufstiegschancen bietet".

Erwähnenswert in diesem Zusammenhang ist noch die Kathedralschule von Chartres. Sie überstrahlte an Berühmtheit zeitweise sogar Paris. Ihr Begründer (um das Jahr 1000) war „Fulbert". Er baute auch die romanische Kathedrale. In Chartres pflegte man die Wissenschaft der Logik nach Aristoteles (nur seine Metaphysik war noch nicht bekannt), Naturwissenschaft, Medizin, Literatur der Antike. Die philosophische Ausrichtung der Schule stand auf den Boden des Platonismus.

Zwei wichtige Gestalten waren die Brüder Bernhard (1014-1124) und Thiery. Thiery war 1140 Leiter der Schule, betrieb gleichfalls platonische Philosophie. Elemente seiner Metaphysik sind das Eine und die Zahl. Das Eine ist unwandelbar, identisch mit Gott. Die Zahl ist wandelbar, denn gezählt wird der Wechsel. Darum ist mit der Zahl das geschaffene Sein gegeben. Wie die Zahlen aus der Eins hervorgehen, so die Welt aus Gott. Die Formen aller Dinge sind somit im Geist Gottes und die Gottheit bildet so die Form der einzelnen Dinge. Der Unterschied zwischen Schöpfer und Geschöpf wird aber doch gewahrt, weil Gott nicht zur Materie werden kann. Die Schule von Chartres bildet ein wichtiges Glied in der großen idealistischen Linie von Platon bis Hegel.

Thomas von Aquin geb. 1225 auf der Burg Roccasecca bei Aquino (im Neapolitanischen), gest. am 3.7.1274 auf dem Weg zum Konzil nach Lyon. Er war Dominikaner, Schüler von Albertus Magnus in Paris und Köln, lehrte selbst in Köln, Paris, Rom und Neapel. Es war die Blüte des mittelalterlichen Denkens, die Hochscholastik. Diese versucht eine Angleichung von Glauben und Wissen, Natur und Übernatur, sogar Kultur und Religion (davon zeugen die gotischen Kathedralen). Besonderen Anklang fand der aristotelische Aufbau der Seinsstufe von der Materie bis zu Gott. Man kannte aber im wesentlichen nur seine Logik und Teile der Ethik. Seine Metaphysik war noch unbekannt. Platons Werke waren damals bekannter, weil über Augustinus tradiert, aber meist im Kleid des Neuplatonismus. Auf zwei Wege kam die Lehre des Aristoteles (Schüler Platons) ins Abendland und zwar über die arabisch-jüdische Philosophie und auf direkten Weg durch Übersetzungen aus dem Griechischen. Interessant ist vor allem der Weg über die Araber. Ihnen wurde Aristoteles durch Vermittlung syrischer Christen bekannt.

Auch die arabischen Philosophen wollten die Lehre des Koran und die Philosophie des Aristoteles in Einklang bringen. Dies führte aber im Islam zu großen Auseinandersetzungen, denn die griechische Wissenschaft entstammte einem völlig fremden Kulturkreis. Lt. „Dawson" konnte der Islam nicht diesen Widerstreit auflösen. Ghazzali (gest. 1111) z.B., dessen Genius dem Thomas am meisten ähnelte, wandte sein Bemühen auf die „Zerstörung der Philosophie" (so hieß seine Schrift) und nicht auf Versöhnung mit dem Glauben. Er erkannte klarer als seine Gegner die grundsätzliche Unvereinbarkeit der zentralen Lehre des Islam von der Allmacht Gottes mit der hellenistischen Vorstellung vom Universum als einer intelligiblen und dem Menschenverstand zugänglichen Ordnung. Uns ist dagegen klar, daß der Logos auch den Kosmos geschaffen hat, dieser also logisch aufgebaut ist. Im "Phaidros" sagt Sokrates bzw. Platon über den Philosophen:"ihn einen Gott zu nennen scheint mir zuviel, aber einen die Weisheit liebend Suchenden möchte ich ihn nennen".

Spanien war der große Umschlagplatz für die aristotelischarabische Philosophie. Sie gelangte von dort vor allem nach Frankreich, Toledo als Übersetzerschule. Um 1250 war das meiste bekannt und begann zu wirken. Thomas bedient sich in seiner Lehre von der Glückseligkeit auch vom augustinischen Gedankengut. Kenner meinen, daß in den entscheidenden Punkten mittelalterlicher Weltanschauung der Platonismus nie verdrängt worden sei. Doch auch der Realist Aristoteles bringt letztlich seine „Form“ als platonische Idee dar. Obwohl er seinen Lehrer Platon wegen seines Idealismus immer wieder angreift ist er doch der erste Grieche, der die reale Welt mit Platon`s Augen sieht.

Die Urzelle der Pariser Universität war die Kathedralschule von Notre Dame. Im Widerstand gegen Bürger und Bischof schlossen sich Lehrer und Studenten zusammen. Die Universität im „Quartier Latin“ war 1222 in großen Zügen vollendet. Albertus Magnus (geb. um 1200), Lehrer von Thomas, nannte Paris als das geistige Zentrum des Abendlandes. Die Universität brachte auch eine andere Einstellung zum Leben, zur Gesellschaft usw.. Entscheidend ist das Städtische, die betonte Weltlichkeit.
Die Armutsbewegung war in Frankreich entstanden als Reaktion gegen den feudalen Reichtum der Kirche und die antikirchliche Bewegung in Südfrankreich (Katharer und Waldenser).Zu den Bettelorden gehören auch die Dominikaner. Die wissenschaftliche Ausrichtung haben Thomas von Aquin angezogen. 1244 trat Thomas als 20-jähriger in den Orden ein. 1256 wurde er Magister in Paris. Der neue Orden kannte keine Ablehnung der Kultur und der Wissenschaft, wie etwa Franz v. Assisi. Die Dominikaner wandten sich ausdrücklich an die Universitäten des Abendlandes.

Zu den im 12. Jh. entstandenen Universitäten gehörten Salerno, Oxford und Cambridge. Neapel entstand unter Federico Secondo, die erste sog. Staatsuniversität. Im 13. Jh. folgten Prag, Wien, Heidelberg, Köln, und Erfurt. Für die Ausbildung der Scholastik waren die Ordensschulen von größter Bedeutung. Die ältere Franziskanerschule steht auf dem Boden der augustinischen Lehre. Bonaventura war ein starker Anhänger der Ideenlehre. Die Dominikanerschule mit Albertus Magnus (in der Andreaskirche in Köln begraben) rückt die Wissenschaft in Vordergrund. Mit ihm kommt Aristoteles zum Durchbruch. Albertus Magnus war als Theologe, Philosoph, Naturwissenschaftler tatsächlich ein universaler Geist. Das trug ihm sogar den Verdacht der Magie ein. Er selbst sagte zu seinen Gegnern „es gibt Menschen, die nichts wissen, die aber mit allen Mitteln die Studien der Philosophie bekämpfen, so besonders die Predigerorden". Weiter zu Thomas von Aquin (Beiname „Doctor Angelicus"): sein Anliegen ist die Verbindung von Vernunft, antiker Tradition und christlicher Religion. Der ganze Reichtum der antiken Erkenntniswelt wird in Thomas lebendig. Dabei ist Aristoteles für ihn immer kompetent, wenn es um die Vernunft geht. Er nennt ihn kurz „der Philosoph". Thomas ist von der Überzeugung durchdrungen, daß es überzeitlich-geltende, objektive Wahrheiten gibt, die schon gefunden sind und auf denen aufgebaut werden kann. Jeder skeptischen Neigung abhold, hält er daran fest, daß die Menschheit aufgrund einer inneren Hinordnung des menschlichen Geistes zur Wahrheit getrieben wird. Wichtig ist die Bedeutung der Vernunfterkenntnis. „Wenn die Vernunft ein Gottesgeschenk ist, und wenn die Gnade die Natur nicht aufhebt, sondern vollendet, dann muß die natürliche Vernunft eine besondere Aufgabe haben: die Ordnung des Seins, des Rechts, der Sitte zu vernehmen und entsprechend zu handeln".

Thomas hat die Gesamtheit des profanen Wissens in den Dienst seiner Theologie gestellt. Dieser Unterbau umfaßt nicht nur die Theologie der natürlichen Gotteserkenntnis, sondern eine vollständige Erkenntnislehre mit einer a) Psychologie der Erkenntnis und b) der Metaphysik der Erkenntnis mit den Beweisen für Substantialität, Geistigkeit und Unsterblichkeit der Seele.

Die systematischen Hauptwerke von Thomas zeugen von der innigen Verbindung zwischen Philosophie und Theologie. Seine „questiones disputatae" (zu diskutierenden Fragen) sind besonders erwähnenswert. Genauso u.a. seine „summa contra gentiles" gegen die Mohammedaner (um 1260). Eine Abhandlung über die natürliche Gotteserkenntnis, sowie über die Geschöpfestruktur der Menschen und der reinen Geister bis zur Hinordnung auf Gott als ihrem Endziel. Den eigentlichen Ruhm des Thomas als großen Synthetiker begründete jedoch seine „Summa theologiae", eine wissenschaftliche Gesamtdarstellung der spekulativen Theologie (nicht der biblischen). Keine der vielen Summen ist wie die des Thomas, Inbegriff der Welt- und Gottesweisheit, von natürlichem Wissen und übernatürlichen Offenbarungsgehalt. Auch das natürliche und kanonische Recht bezog er mit ein, und sie enthält auch die „5 Wege der Gottesbeweise".

An Universalität des Wissens übertraf Thomas alle Scholastiker in der Kunst des dialektischen Stils und als Meister und Klassiker einer Synthese lichtvoller Klarheit. Nach Gottfried Semper: „die mittelalterlichen Kathedralen sind steingewordene theol. Summen, steingewordene Scholastik. Wie Aristoteles spricht auch Thomas nur dem konkreten Ding ein selbstständiges Dasein in der Natur, und damit eine vollendete Existenz zu. Es ist ein aktuell Seiendes und an ihm spielt sich der Prozeß des Werdens ab. Die Struktur des Einzeldings, so stellt Thomas im Anschluß an Aristoteles fest, setzt sich aus zwei Komponenten „Materie und Form“ zusammen. Diese beiden Begriffe als „Seinsprinzipien“ so bedeutend, daß das ganze System danach als „Hylemorphismus“ benannt wird. Jedes Seiende ist auch ein Werdendes. Den Werdeprozeß hat Aristoteles untersucht und dabei die beiden Komponenten gewonnen. Übernommen ist dieses Problem von Heraklit: „alles ist Werden“.

Aristoteles machte seine Erfahrung mit der Kunst und übertrug sie auf die Natur. Der Marmorblock des Phidias war die „Materie“, die Statue Zeus die „Form“, die allmählich daraus entstanden ist. Wie das Kunstding dadurch wird, daß eine Materie mit einer künstlichen Form überkleidet wird, so soll analog bei jedem Naturprozeß durch das Zusammenwirken der zwei Faktoren, Materie und Form, das Einzelding entstehen. Die Frage ist, kann sich eine Möglichkeit in der Materie selbst in Wirklichkeit umsetzen? Laut Aristoteles ist Werden ein ständiger Übergang von Potenz in Akt, ständige Verwirklichung eines Möglichen. Im Marmorblock ist gleichfalls der Potenz nach die Statue enthalten, doch ist diese eine passive Potenz im Gegensatz zur aktiven Anlage im Samen. Beide Begriffspaare ähneln sich: Materie und Form = ein Ding aufgespalten in 2 Bestandteile.

Nach Hirschberger: das Wesentliche am Hylemorphismus ist die ganzheitliche Tendenz in der Seinsbetrachtung. Das Ganze ist hier immer früher als die Teile; die Teile sind durch das Ganze. Alles Werden ist darum gesteuert durch die Form. Sie ist nicht der Endpunkt, sondern sie bestimmt von Anfang an den Prozeß des Werdens, ist Seele des Geschehens. Daher der Ausdruck von Thomas (Aristoteles) „die Materie sehnt sich nach der Form“. Thomas denkt auf diesem Gebiet wie Aristoteles: Materie ist das Einheitliche. Sie ist das Substrat des Werdens der Naturdinge, hat die Fähigkeit der Verwandlung in Gegensätze. Dadurch wird das unaufhörliche Werden möglich. Sie ist Voraussetzung für jedes Entstehen, dadurch selbst dem Entstehen und Vergehen entzogen. Keines der Prinzipien kann für sich alleine existieren. Um ein Seiendes aufzubauen sind beide nötig, daher nennt man sie auch Konprinzipien. Die Form hat aber mehr Sein als die Materie und der Akt ist früher als die Potenz und zwar (nach Aristoteles u. Thomas) : 1. dem Begriff nach, 2. der Zeit nach, 3. der Natur und dem Zweck nach. Daraus folgt auch, daß die Form gegenüber der Materie das Bessere und Vollkommenere ist (auch die spitzfindige Frage ist gelöst: was war früher, das Ei oder das Huhn? Natürlich das Huhn!). Der Akt bzw. die Form ist die Vollendung der Potenz. Weil die Materie die höchste Form anstrebt, bezeichnet Thomas die Form als ein Göttliches. Aufgrund der Form steht das Ding in Beziehung mit dem obersten Seinsprinzip und nimmt Teil am göttlichen Sein, denn nur „eine“ substanzielle Form ist es, die den Löwen zur Substanz, zum Körper, zum Lebewesen, zum Tier und Löwen macht. Wir müssen davon ausgehen, daß bei Aristoteles und Thomas zuletzt beide Prinzipien (Materie und Form) in die metaphysische Sphäre hinein gehoben, und so zur letzten Werde- und Seinsprinzipien der physischen Welt wurden. Aristoteles wie Thomas kamen zur Materie-Form-Lehre durch die Kunst und Natur-

erscheinungen. Ein formgebender Faktor ist also notwendig, da ohne Form nichts aufgefaßt werden kann. Die Form ist das, was das Ding zu dem macht, was es ist. Form und Materie sind logische Hilfsmittel zur Erklärung des Seienden. Potenz ist nötig zur Erklärung des Werdens.
Die „Transzendentalien" des Seins (nach Kant: eine Erkenntnis a priori, weil unbegründbar, aber durch reine Vernunft zu gewinnen). Gottes Sein ist ganz anders geartet als das der Welt, doch leuchtet sein Sein gleichnishaft in dem der Welt auf, denn an sich kann man endliches und unendliches Sein nicht vergleichen. Die Frage nach dem Sein trifft den innersten Grund aller Dinge. Diesen Grund zu erschließen macht das Wesen des Geistes aus, ist das Anliegen der abendländischen Philosophie seit den Griechen. Das Sein (to esse) ist jenes Letzte im endlichen Seienden, womit es im unendlichen Sein wurzelt. Unter den Transzendentalien sei besonders die Wahrheit und Gutheit herauszuheben (über das Gute sagt schon Aristoteles „gut ist das, wonach alles strebt"). Wahrheit und Gutheit besagen, daß das Seiende kraft seines Seins auf das Erkennen (Wahrheit) und Wollen (Gut) des Geistes abgestimmt ist und ihm kraft innerster Wesensverwandtschaft zugänglich ist. Wiederum gilt: je reichere Seinsfülle ein Seiendes hat, desto mehr ist es Geist-verwandt, desto mehr nimmt es an der Erleuchtung des Geistes teil. Gänzliche Geistfremdheit ist das Gleiche wie gänzliches Ausfallen des Seins oder wie das Nichts.

Die „Schönheit" steht nicht neben den Transzendentalien, sondern wächst aus ihnen z.B. die Wahrheit und Gutheit, als ihre Vollendung. Sie liegt in dem Zusammenklang von Einheit, Wahrheit, Gutheit. In der Schönheit kommen Sein und Geist zur Ruhe, weil sie vollkommen sich selbst gefunden haben. Mit diesem Bild des Seins ist ein bestimmtes Gottesbild gegeben: weil Gott das subsistierende Sein ist, das die ganze Fülle des Seins einschließt, zeigt er sich als die Einheit, Wahrheit, Gutheit und Schönheit selbst. Zur Schönheit in der sinnlich wahrnehmbaren Gestalt gehört auch Licht und Schatten, Freude und Leid. Platon sagt: „das Schöne ist das Schwere. Wer sich einmal am Schönen versucht, dem ist es auch ein Schönes zu dulden, was an Leid ihm zusteht (im Phaidros)".

Zur Prinzipienlehre: Die Frage nach dem Woher und Wohin bringt uns zur Frage nach den letzten Gründen eines Seienden, auf die Suche nach dem Sinn. Dieser Drang nach den Gründen zu forschen ist im Menschen selbst angelegt. Aus der Erkenntnis der Wirkung entsteht, die Sehnsucht, die Ursache zu erkennen. De Vries sagt: „statt Ursache würde man besser „wirkendes Prinzip" sagen. Zum Begriff Kausalität (Wirkursache) steht nach Thomas und auch Aristoteles das Werden im engsten Zusammenhang mit dem Sein der Dinge und ebenfalls mit der Kausalität. Gott hat den Dingen seine Ähnlichkeit mitgeteilt, nicht nur, daß sie da sind, sondern auch, daß sie wirken. Daher ist es höchste Vollkommenheit eines Dings, Ursache eines anderen zu sein. Wir schließen z.B. aufgrund der geistigen Dynamik von unten nach oben, so daß es auch reine Geister gibt. Engel nennen wir ja sie nur in der christlichen Philosophie bzw. in der Schrift.

Die Formulierung des Kausalitätsprinzips erfolgt im platonisch-aristotelischen Gewand. Aus Platon`s „Timaios" (eine Art Schöpfungsgeschichte) wurde in die Scholastik übernommen: Alles, was geschieht hat eine Ursache......". Thomas gebraucht auch immer wieder die Formel des

Aristoteles „alles, was bewegt, verändert, geformt, geschaffen wird, wird auch ein Anderes bewegt......geschaffen". Außerdem, das Potenzielle erlangt nur durch ein Aktuelles Wirklichkeit. Dies gilt sowohl im physikalischen als auch im metaphysischen Sinn. Den Begriff Bewegung wendet Thomas im Sinne der Veränderung an. Er behauptet, der Bewegungssatz gilt für alle Veränderungen, für jede Art des Werdens. Seine metaphysische Geltung gründet Thomas auf den Seinsunterschied von Potenz und Akt (Übergang von der Möglichkeit zur Wirklichkeit). Auf diese Weise geht der Bewegungssatz in das Kausalitätsprinzip über. Bewegung heißt etwas von Potenz in den Akt zu überführen, was die Potenz selbst nicht kann. Daher braucht es eine Wirkursache =causa efficiens.
Die „univoke (absolute) Kausalität" –ein innerweltliches Gesetz- bedeutet, daß das Wirkende und das Gewirkte der gleichen Art angehören (Synonymie): der Mensch zeugt immer nur den Menschen. Sie ist der Grund des Werdens des Einzelnen, nicht aber der Grund für das eigentliche Sein und das Allgemeine.
Die „analoge Kausalität" hingegen bringt keine artgleiche Wirkung hervor. Sie ist eine „causa prima (Erstursache)". Diese gehört in eine andere Ordnung als die Wirkungen, die sie hervorbringt. Das Kausalitätsprinzip gehört in den Bereich der Metaphysik. Es ist daher zu unterscheiden von dem bloßen physikalischen Kausalgesetz, das nur gilt innerhalb der Körperwelt und nur für Vorgänge der Körper (nicht für das geistige Sein). Es besagt eine regelmäßige Abfolge von Vorgängen in der Zeit. Aus einem vorhergehenden Vorgang folgt der nachfolgende Vorgang mit physischer Notwendigkeit. Das physische Kausalgesetz läßt (wie auch später Kant erklärt) keinen Schluß auf eine erste

nicht verursachte Ursache zu.
Das metaphysische Kausalprinzip fordert dagegen eine, sich selbst nicht verursachte, andersartige Ursache: eine ins transzendente vorstoßende Kausalität (de Vries). Thomas macht einen realen Unterschied zwischen den Ideen im Geist Gottes und der realen Existenz. Beides zu einer Einheit zu verbinden, ist nur durch ein Drittes möglich, das den Seinsakt setzt(Schöpfung). Also, damit aus der Möglichkeit eine Wirklichkeit wird, ist der Seinsakt notwendig. Nach de Vries: ein Kontigent-Seiendes (ein endendes Seiende) kann nicht notwendig sein, denn dieses Seiende müßte ja immer existieren. Das Kontigent-Seiende hat von sich aus nicht die Kraft sich in den geistigen Seinsakt zu überführen.

Das „Finalitätsprinzip (der Zweck als Ursache)“: Es gilt der Lehrsatz, jedes Tätige ist um eines Zweckes willen tätig (gleichgültig, ob Natur oder Wille). So tritt der Zweck als Ursache auf. Zweck ist Dasjenige, worauf das Begehren des Tätigen gerichtet ist und um dessentwillen ein Anderes geschieht oder ist. Ziel und Zweck haben ihren ursprünglichen Boden im menschlichen Willen, der Zukünftiges vorausnimmt und das erkannte Gut verwirklichen will. Aristoteles hat die Finalität von der Natur abgelesen. Thomas erläuterte die Finalität teils in Anlehnung an die menschliche Willenspsychologie, teils entwickelte er sie aufgrund des Werdeprozeßes: keine Potenz kann sich selbst in den Akt überführen; dazu ist eine Kausalität notwendig. Um des Zweckes willen betätigt sich jede wirkende Ursache, der Zweck ist also zugleich Ursache. Damit ist die erste unter allen Ursachen die Zweckursache. Die Materie gelangt nicht zur Form, sofern sie nicht von einem Tätigen bewegt wird. Das Tätige aber bewegt sich nur in der Absicht auf den Zweck hin. Der Zweck als höchste Ursache auf das Ziel hin; bei Vernunftwesen durch den Willen, bei den übrigen Naturwesen durch den „appetitus naturalis" (Instinkt). Der Zweck ist also beherrschende Macht im Werdeprozeß und steht sogar über diesen. So kommt es, daß das Ganze vor den Teilen ist, nicht als Realität, sondern als Idee. Die Endform des Werdeprozeßes steht als Idee bereits am Anfang und bestimmt Mittel und Wege zu ihrer Verwirklichung. Der Zweck gibt den Anstoß zur Wirksamkeit aller anderen Ursachen, deshalb steht er in der Rangordnung an oberster Stelle. Der Finalursache gebührt die Priorität von Natur aus.

Gottes Tätigkeit der Welt gegenüber wird analog dem Kunstschaffen gedeutet (nach Musterbildern im Geist). Der Gottesbeweis aus der geistigen Erstursache zeigt uns die großartige Sicht Platons, Gott als Idee aller Ideen zu sehen, nicht unbegründet ist. Man kann deshalb auch sagen, wenn wir uns in den Wissenschaften damit beschäftigen lesen wir die objektiven Gedanken Gottes. Anders ausgedrückt: wir unterscheiden Erst- und Zweitursache. Die Erstursache schafft das Sein der Dinge, als Zweitursache fungieren die Dinge selbst aufgrund der ihnen von Gott eingesenkten Wesensformen.

Schöpfung in der griechischen Philosophie: Der eingangs erwähnte Philosoph Anaxagoras (499-427 v. C.) führte den Werdeprozeß auf den „Nous" zurück, ein oberstes Geistprinzip. Dieser „Nous" ist bei Aristoteles der erste unbewegte Beweger. Die Welt ist von Gott weder gebildet noch geschaffen. Die Schöpfung aus dem Nichts ist bei Aristoteles von der Welt her und von Gott her ausgeschlossen. Er erkennt die Aussage der Eleaten an: „Aus Nichts wird nichts“. Durch seine Lehre von Akt und Potenz will er trotzdem das Werden erklären. Mögliches Sein wird zur wirklichem Sein. Alles in der Welt erklärt Aristoteles aus ihr selbst, nur nicht den Anfang der Bewegung. Die Einzeldinge sind kontingent (endlich Seiende), nicht aber die Welt als Ganzes. Ihre Seinsfülle ist von Gott unabhängig, doch hat Gott den Bewegungsprozeß eingeleitet (von der obersten Fixsternsphäre ausgehende Bewegung des ganzen Universums, die eine unaufhörliche Erneuerung aller Seinsformen bewirkt.

Die Schöpfung nach Thomas: Erschaffen ist etwas anderes als bloß Ursache sein. Schöpfung besagt: die Dinge sind in ihrem ganzen Seinsbestand von einer ersten Ursache hervorgebracht, darin ist eingeschlossen der Hervorgang aus dem Nichts. Die Schöpfung ist nicht Bewegung und nicht Veränderung (beide erfordern ein Substrat), sondern ein einfaches Hervorgehen. Gott ist ganz Akt „actus purus“ im Hinblick auf sich selbst. Gott vermag daher das ganze Sein hervorzubringen. Bildlich: Gott sprach „es werde Licht“ – und das Licht ist das Sein selbst.
Hinführung zu den 5 Wegen (quinque viae) der Gottesbeweise nach Thomas.
Thomas nimmt zunächst Stellung zu der Behauptung des Johannes Damascensus: „die Erkenntnis Gottes ist allen Menschen von Natur aus eingepflanzt“. Das aber bedeutet noch nicht die Erkenntnis Gottes, denn viele sehen auch im Besitz oder Genuß ihr höchstes Glück. Nun die 5 Gottesbeweise bei Thomas:

1.) Ex parte motus= von der Bewegung her. Bewegung

heißt Übergang von der Möglichkeit zur Wirklichkeit. Alles, was in Bewegung ist, wird von einem Anderen bewegt. Das kann nur geschehen durch ein Seiendes, das bereits in Akt ist. Die Bewegung rückwärts kann aber nicht ins Unendliche fortgesetzt werden. Wir brauchen einen ersten Beweger, der selbst unbewegt ist (und darunter versteht man Gott).

2.) Ex ratione causa efficiens= aufgrund der Wirkursache: Jede Ursache ist wieder verursacht. Es ist nicht möglich, das etwas seine eigene Wirkursache wäre, denn es müßte dann dem eigenen Sein vorausgehen, was unmöglich ist. Da aber eine unendliche Reihe von Ursachen die Wirkung nicht erklärt, ist eine transzendentale Erstursache anzunehmen.

3.) Ex possibili et necessario= Unterschied zwischen dem bloß möglichen und dem notwendigen Sein: Es kann sich aus eigener Kraft nicht ins Sein setzen, kann also nur angefangen haben durch etwas, was bereits ist. Also brauchen wir als Ausgangspunkt ein notwendiges Sein.

4.) Ex gradibus perfectionum= nach dem Grad der Vollkommenheit: Hier verbindet Thomas den platonischen Teilhabe-Gedanke mit dem Kausalgedanke. Hinter der mehr oder minder großen Vollkommenheit in dieser Welt steht ein Vollkommenes, an dem alle Werte teilhaben. Es ist deshalb der Grund für alles Wertvolle. Es gibt verschiedene Schichten des Seins, die aufeinander ruhen. Das Höhere ist immer das Seinsstärkere. So muß es auch etwas geben, das für alle Wesen Ursache ihres

Gutseins und jeder Seinsvollkommenheit ist.

5.) Ex gubernatione rerum= aus der Lenkung aller Dinge (Finalitätsbeweis): Unter den Dingen gibt es auch welche, die keine Erkenntnis haben, wie Naturkörper. Auch diese sind auf ein festes Ziel hin tätig. Das zeigt sich darin, daß sie immer in gleicher Weise tätig sind und das Beste erreichen (in Bezug auf die Erhaltung und Vollendung der eigenen Art). Sie erreichen ihr Ziel also nicht durch Zufall, sondern zielbewußt. Die vernunftlosen Wesen sind von einen erkennenden Geist auf ihr Ziel hingeordnet. Es muß also einen Geist geben, von dem alle Naturdinge auf ihr Ziel hingeordnet sind.

Thomas hat hier zwei entscheidende Grundsätze angewandt: das Kausalitätsprinzip „jedes kontingent (endende) Seiende hat eine Wirkursache“ und den Satz „es gibt keinen „regressus in infinitum (Rückgriff ins Unendliche)“.

Heute müssen wir bei diesem Thema vom Weltphänomen des Atheismus ausgehen. Er existiert zwar unterschiedlich in den westlichen, bürgerlichen Demokratien und im Marxismus generell, aber beide Erscheinungsformen sind Folgen der heutigen gesellschaftlichen, rationalen, technischen Entwicklung. Der Kampf gegen den Atheismus ist immer auch ein Kampf gegen die Unzulänglichkeit unseres eigenen Theismus (Glauben), daß 1.) ein personaler Gott existiert, 2.) daß er Schöpfer der Welt ist, und 3.) und zugleich ihr Erhalter ist. Der Atheismus geht von der ewigen Materie aus, die sich selbst erschafft. Der Aufstieg zu Gott, dem Unendlichen, wäre natürlich unmöglich für den menschlichen Geist, denn das Unendliche kommt dem Endlichen nicht direkt zum Bewußtsein. In uns selbst ist aber ein Etwas, das uns drängt zum Höchsten, zur Wahrheit und

Schönheit. Platon schreibt das dem Eros zu. Die Seele hat das „Urschöne“ bereits in ihrer Präexistenz (vorherigen Existenz) geschaut- siehe Phaidros und bei der Begegnung mit dem Schönen auf dieser Welt erfährt sie die erotische Erschütterung. Diese bewirkt in uns die Sehnsucht nach dem Aufstieg zum Urschönen, das Platon im „Symposion“ in so übertrefflicher Weise schildert. Aus der Doxa (Schein) der Werdewelt zur Philosophie der „ewigen Ideen“.

Der Mensch ist also immer auf der Suche nach der Wahrheit, dem Sinn. Daraus wird erst die Suche nach dem Göttlichen (Theion) möglich. Dynamik des Aufstiegs bei Augustinus: „unruhig ist unser Herz.....“. Die Franziskanerschule des Mittelalters folgt ihm, vor allem Bonaventura ist hier zu nennen. Er unterscheidet Platon als Philosophen der Weisheit. Er sah vor allem die Dinge über sich. Aristoteles dagegen sah zunächst die Dinge dieser Welt.

Thomas stand zunächst unter den Einfluß der negativen Theologie: „Wir wissen von Gott mehr, was er nicht ist als was er ist“. Wir haben also keine Wesenserkenntnis von ihm. Gott ist also für ihn nicht der Ersterkannte, sondern wird aus den seienden Dingen erschlossen. Daher läßt Thomas als Erkenntnismethode nur den Kausalschluß zu, d.h. jedes kontingent (endendes) Seiende hat eine Wirkursache. Er geht also nur von der sinnlichen Welt aus. Wichtige Voraussetzung dazu ist das Weltbild des Aristoteles. Wichtige These ist der Beweis aus der Bewegung. Die Welt ist ewig, unentstanden, im Weltfonds liegen die materiellen Grundlagen und die Formprinzipien bereit. Durch deren Zusammenwirken wird Potenz zum Akt (=Bewegung) geführt. Aristoteles kann in der Welt alles erklären, nur nicht woher die Bewegung stammt, der Anstoß für den Werdeprozeß. Man muß aber nicht von der aristotelischen Kosmologie ausgehen, sondern von einer Bewegung im Sinne von Veränderung zum Besseren. Ausgehend von einer realen Veränderung eines Seienden, im Sinne der Vermehrung seines Wirklichkeitsbereichs. Da die Veränderung zum Besseren auch in der lebendigen Person vorgefunden wird, hindert nichts den „unbewegten Beweger" auch als Person zu verstehen. Wir nehmen also an, daß es einen echten Übergang von der Potenz zum Akt gibt (Potenz und Akt sind Bewegungsgrößen; Materie und Form sind Zustandsgrößen). Brugger nennt den Bewegungsbeweis „Kausalitätsbeweis aus der Vervollkommnung". Der Tatbestand , von dem wir ausgehen, ist das „Werden" und das eben ist die Verbesserung zum Sein hin (kann als Evolutionstheorie aufgefaßt werden). Dabei muß aber nicht immer unmittelbar der erste unbewegte Beweger wirken, sondern überhaupt ein Beweger. Unter Veränderung verstehen wir jeden Übergang von einer Weise zu sein oder nicht zu sein,. in eine andere. Wenn der negative Ausgangspunkt zum Positiven wird, so nennt man das „Verwirklichung". Wenn der positive Ausgangspunkt zu einem noch positiveren Ziel führt, nennt man das „Vervollkommnung".

Die These des Thomas geht von einem Positiven und dessen Veränderung aus. Dieser Übergang von der Ausgangsphase zur vollkommener Endphase braucht eine Kraft, die wir eben Beweger nennen. Der Beweger kann ein erster sein, der keine Bewegung von einem anderen erhält oder ein zweiter, der das Prinzip seiner Bewegung von einem anderen erhält, also ein „bewegter Beweger". Der erste Beweger darf nicht mehr von „Möglichkeit zur Wirklich-

keit“ übergehen; in ihm müssen alle Möglichkeiten schon verwirklicht sein. Der „actus purus“ ist demnach unbeweglich. Anders ausgedrückt: die Relativität des Aktes zur Potenz setzt einen absoluten Akt voraus. Da die Potenz in den Akt überführt werden soll, muß der Akt der Natur nach früher sein. Der „actus purus“ ist höchste Vollkommenheit (alle Vollkommenheiten sind in ihm existent), ist kein Teil der erfahrbaren Welt. In der Erfahrungswelt finden wir keinen vielfachen Übergang von Potenz in den Akt vor. Deshalb untersucht Thomas zunächst die Vervollkommnung, also den Übergang eines Seienden von einem weniger vollkommenen in einem vollkommenen Zustand. Diese Vervollkommnung, der neue Zustand, braucht einen Beweger, denn er ist nicht durch „Nichts“ entstanden. Dabei muß der „regressus in infinitum“ (ständiger Rückgriff auf ursächlichen Beweger) ausgeschlossen werden. Ziel des Beweises ist das absolut Seiende, der Welt jenseitig. Definition der metaphysischen Dinge ist der Hintergrund der erfahrbaren Welt. Bei Aristoteles: die Wissenschaft vom absoluten Sein der seienden Dinge ist der „1. unbewegte Beweger“, woher und wozu ist alles.
Wie schon oft festgestellt, gibt es in der Welt einen Übergang von „Möglichkeit zu Wirklichkeit“. Beweise dafür: a) Entwicklung und Vermehrung von Organismen. Die Organismen entwickeln sich aus einem indifferenten Zustand durch verschiedene Stadien zu einem vollentwickelten Zustand. Wir haben hier ein durchhaltendes Subjekt, an dem die Veränderung erfolgt; z.B. ein Kind hat zuerst die noch passive Potenz zum Denken, Erkennen, Wollen. Später kommt die aktive Potenz, die noch ruht, und dann geht sie von „Wirklichkeit in Akt“ über. Weiteres Beispiel ist die Zeugungsfähigkeit: beim Kind noch passive Potenz, wird

durch die Entwicklung aktive Potenz, die noch ruht, erst bei der Zeugung wird sie zum Akt. b) Werke der menschlichen Kunst: Marmorblock – Statue. Bei diesem Werdeprozess liegt die aktive Potenz im Menschen, nicht im Werk. c) Geistige und sittliche Vervollkommnung, z.B. innere Vervollkommnung durch Erlernen einer Fremdsprache, Informationsempfang usw.. Da aber jeder Mensch seine Geschichte hat, gibt es auch wieder Entartung und Verfall. Als Grund der Bewegung muß eine metaphysische Notwendigkeit angenommen werden. Der 1. Beweger ist selbst unbeweglich, nicht nur unbewegt, er kann nicht bewegt werden, sonst wäre er wieder aus Potenz und Akt zusammengesetzt. Alle Möglichkeiten sind im „actus purus“ schon verwirklicht. Raum und Zeit sind selbstverständlich im actus purus ausgeschlossen. Definition der Unendlichkeit in etwa: „das dem nichts hinzugefügt und nichts weggenommen werden kann“. Thomas sieht den Zusammenhang, indem ein Wesen existiert, das alle Vollkommenheiten in vollendendem Maß verwirklicht und nicht nur das, sondern die Quelle dieser Vollkommenheiten bildet, wovon in dieser Welt alles nur ein Abglanz ist. Dieses Wesen ist das Ziel, dem alles Streben sich nähert in Sehsucht nach Vollendung. Seine Güte aber ist Liebe, daher bewegt dieser erste Beweger so wie der „Liebende das Geliebte“. Sein und Tätigkeit gehören zusammen. Es gibt keine Tätigkeit ohne daß Jemand tätig ist. Dieser erste „unbewegte Beweger“ ist daher weltjenseitig.

Er ist also nicht in der erfahrbaren Wirklichkeit anzusiedeln.

Kausalitätsbeweis aus der Veränderlichkeit: Die Frage ist, läßt sich, ausgehend von den Veränderlichkeiten dieser Welt ein Kausalitätsbeweis führen, der die Ursache des Veränderlichen der Welt als schöpferische (göttliche) Ursache ihres ganzen Seinsbestand nachweist? Die Physik ist noch nicht bis zu den letzten Elementarteilchen vorgedrungen. Wir wissen daher noch nicht, ob die letzten Teile der Welt nicht doch unveränderlich sind. Die Frage, ob es letzte, nicht auf andere zurückführbare Elementarteilchen gibt und welche, kann offenbleiben. Feststeht, daß sie an wandelbaren Energieprozessen beteiligt sind. Was wir bis jetzt wissen, bestehen alle Objekte dieser Welt aus Atomen (Elementarteilchen). Aber welche Arten von Atomen (Wasserstoff, Sauerstoff, Kohlestoff etc.) und wie viele davon notwendig sind, damit eine Pflanze, ein Tier, ein Mensch, entsteht, wissen wir nicht. Dieser wichtigste aller Bausteine, die „Information" wird wohl noch lange im Verborgenen bleiben oder auch nie gefunden werden. Die ontologische Seinsanalyse zeigt, daß die Welt nicht nur eine Addition von Elementarteilchen ist, sondern eine vielfach gegliederte und wandelbare Seinsstufung enthält. Alle Kausalitätsbeweise für die Existenz eines absoluten überweltlichen Wesens gehen von der Kontingenz (Endlichkeit) der Welt aus. War es bisher der Übergang von „Potenz in Akt", so ist es nun die radikale Veränderlichkeit der Weltwesen, aus der ihre Kontingenz bewiesen wird. Alles kontingent (kraftabhängige) Seiende hat eine Wirkursache. Die Feststellung der Kontingenz kann durch Veränderung, Seinsbegrenzung, Finalitätsstrukturen, geschehen, schließt aber letztlich immer auf das Nicht-Kontingente. Wir stellen nun fest, daß Veränderung eine innere Veränderlichkeit voraussetzt. Veränderlichkeit ist aber ein Indiz dafür, daß es bis in den Kern hinein kontingent und damit verursacht ist. Kontingent ist, was sich nicht aus eigener Kraft ins Dasein setzen kann. Also: da die ganze Welt innerlich veränderlich ist, bedarf sie einer (Wirk-) Ursache. Diese ist aber letztlich eine schöpferische (überweltliche) Macht.; eine Ursache des metaphysischen Kausalitätsprinzips.

Zusammenfassend (nach Brugger) kann gesagt werden: Veränderung bedeutet Übergang von einer Weise zu sein, in eine andere. Veränderung verlangt ein Etwas, das sich vom Ausgang bis zum Ende durchhält (den Träger oder das Substrat). Eine Veränderung kann das Anderswerden einer Sache oder Person in sich selbst betreffen , z.B. besser, gebildeter zu werden. Was deshalb seiner Natur nach veränderlich ist, enthält die Aufnahmefähigkeit zu einer neuen Vervollkommnung, ist also kontingent und setzt eine existente Ursache seines Seins voraus. Ergo existiert eine Ursache der veränderlichen Wesen der Welt: ein unveränderliches Wesen. Das unveränderliche Wesen, das Ursache der veränderlichen Wesen dieser Welt ist, ist selbst „überweltlich“, eine causa prima, die nicht in der Raum-Zeit-Welt angesiedelt ist, denn was der Zeit unterworfen ist, ist veränderlich.

Gottesbeweis aus der FINALITÄT (Teleologie =Zielgerichtetheit): Auch beim Finalitätsbeweis gehen wir von der Kontingenz aus, die sich hier in der Zielgerichtetheit zeigt. Schon die griechische Weltanschauung nahm ein Ordnungsprinzip für den Kosmos an: den göttlichen „Nomos“. Nach Heraklit, dem ersten Teleologen vollzieht sich das unaufhörliche „Werden nach Maßen“ durch das dieser Welt immanente Weltgesetz, den L o g o s . Anaxagoras führt die Entstehung auf das Wirken des „Nous“ zurück. Leukip und Demokrit schlossen jede Teleologiebetrachtung als mystisch aus. Alles Geschehen wird auf die Atome und die Ortsbewegung zurückgeführt. Cicero legte seinen berühmten Vergleich dem Stoiker „Lucilius Balbus“ in den Mund: Wie die Annalen des Ennius nicht dadurch entstehen, daß man die (körperlichen) Buchstaben, aus denen sie zusammengesetzt sind, wahllos auf den Boden schüttet , so wenig kann die Ordnung der Welt zufällig entstanden sein. (Die göttliche Vorsehung, die hier am Werk ist, dachten sich Cicero und die Stoiker aber als Welt Immanente Vernunft).

Hinsichtlich der Einstellung zur Finalität gibt es verschiedene Gruppierungen. Die eine leugnet die Finalität überhaupt. Entstehung durch Zufall bei Leukipp und Demokrit und alle Materialisten. Andere enthalten sich jeder Erklärung, so z.B. die Positivisten. Der Pantheismus nimmt eine Weltseele an.

Aus der Finalität, die wir in der Welt vorfinden, soll nun bewiesen werden, daß der Urheber der Welt ein geistiges Wesen ist. Die Finalordnung zu konzipieren ist nur durch geistige Tätigkeit möglich. Sie ist Ordnung d.h. („Einheit in wohlgegliederter Vielheit“) mit dem Ziel, etwas Bestimmtes zu erreichen. Beispiel der defekten Uhr (nach de Vries):

a)Die Zeit zu wissen, ist für mich ein Gut. Dieses Gut erweckt in mir das Verlangen, die Uhr wieder reparieren zu lassen; es besteht zunächst aber nur als Wunsch und Wille in meinem Geist.

b)Nun muß ich mich in Aktion setzen, um das Gut zu er-

reichen (Aktion als Mittel zum Zweck). Ziel und Wirkursache müssen immer zusammenwirken. Was zunächst geschaffen, wird durch Wirkursache, zuletzt geschaffen durch Anstreben des Ziels.
Betrachten wir das menschliche Werk „Uhr“ als Finalgebilde, so liegen hier folgende Kriterien der Finalität vor: 1)Zusammenordnung mehrere Teile, 2) diese Ordnung ist beständig, 3)sie ist nicht das Werk der Natur, sondern des menschlichen Geistes, 4) aus dieser Ordnung entsteht ein Gut für den Menschen, und eben dessen Güte verlockt zu seiner Verwirklichung.
Finden wir aber auch in der Natur selbst Finalität? Wenn ja, dann muß auch dort planvolle Konstruktion herrschen. Wer hat dann den Plan gemacht? In „Religion warum“ setzt sich de Vries mit den Atheisten auseinander. Auf die Frage, woher die Wunder der Natur kommen, antworten diese: sie sind ohne Absicht entstanden, durch das bloße Zusammenspiel der Naturkräfte. Bei den unendlich vielen möglichen Kombinationen ist dann durch Zufall auch etwas zweckmäßiges entstanden, das besser angepaßt war und deshalb erhalten blieb.
Zufall bedeutet nicht ein Geschehen ohne Ursache, wohl aber ohne planmäßige, zielgerichtete Ursache.
De Vries bringt dafür folgendes Beispiel: Wohl kann es Zufall sein, daß sich lösende Steine am Fuß eines Berges die Gestalt eines Buchstaben z.B. „T“ bilden. Niemand wird aber an Zufall glauben, wenn wir regelmäßig am Fuß der Berge ein solches T finden würden. Oder: die Wahrscheinlichkeit, daß ich mit einem Würfel 4x hintereinander die 6 würfle ist 1 : 1296.. Je größer die Zahl, um so unwahrscheinlicher das Ergebnis (für einen Lotto-Sechser stehen die Chancen 1 : rd. 13,5 Millionen). Im höchsten

Grade unvernünftig wäre es, anzunehmen, daß ein Auge durch Zufall entstanden ist. Die Wahrscheinlichkeit dafür wäre nach E. Bleurer (de Vries S. 26) 131072x 10hoch40, d.h. dies ist die Anzahl möglicher Kombinationen, unter denen ein funktionsfähiges Auge ein einziges wäre. Trotzdem gibt es Menschen, die diese allergeringste Wahrscheinlichkeit für den Zufall ihrer Weltanschauung machen. –Selbst wenn so ein unwahrscheinlicher Fall eingetreten wäre, gäbe es daneben eine unvorstellbar größere Zahl verunglückter Ansätze zu organismusähnlichen, aber lebensfähigen Gebilden. Warum sind uns aber keinerlei Spuren erhalten, während die geologischen Schichten voll sind von Versteinerungen richtiger Organismen? Auch wieder Zufall?

Zufall und Gesetzmäßigkeit im Naturgeschehen sind einander entgegengesetzt und schließen sich aus. Bei der Entwicklung einzelner Lebewesen und bei der Entstehung der Arten sind Gesetze am Werk. Gesetz besagt dabei eine dem Lebewesen innewohnende Kraft, die ihr Wirken in einer bestimmten Richtung festlegt –diese Richtung aber auch wieder ändert bis zum Untergang (Problem der Gentechnologie). Diese Kraft ist von Anfang an auf das zunächst noch zukünftige Ergebnis ihres Wirkens bestimmt, sonst wäre die Gradlinigkeit der Entwicklung nicht zu verstehen. Das Zukünftige kann aber nur als leitende Idee das Wirken von vornherein bestimmen. Eine Idee aber setzt Geist voraus, der sie denkt. Also setzen auch die Lebensgesetze ein denkendes Wesen voraus, dem das zu erreichende Ergebnis im Geist vorschwebt, und das dann die gesetzmäßig wirkende Kräfte, die zur Erreichung des Zieles dienen, in die Lebewesen hineinlegt. Nimmt man das nicht an, so

wäre die Entstehung der Lebensgesetze doch wieder Zufall. Dies besagt nicht Geringeres als die Unmöglichkeit jeder materialistischen Erklärung, bei der ja der Geist am Ende der Entwicklung steht.
De Vries nimmt auch zu Klohr „Naturwissenschaft, Religion, Kirche“ (DDR) Stellung. Kann Leben synthetisch hergestellt werden? Wenn ja, dann keinesfalls durch Zufall, sondern nur unter Aufbietung allen Scharfsinns, dessen der Mensch fähig ist. Also: Ausschluß des Zufalls.

Die Ethik des Thomas von Aquin. Definition des Thomas: Ordnung =Einheit in wohl gegliederter Vielheit. Alles in der Welt ist geordnet. Ordnung ist das primäre und die Voraussetzung dafür, daß man überhaupt von Chaos sprechen kann (siehe Platons „Phaidon). Das Ordnungsprinzip steht über der Ordnung, (ist nicht ein Teil derselben) und sahen die Pythagorer in den Zahlen. Für sie war die Welt verkörperte Mathematik. Anders Heraklit, er führte als Ordnungsprinzip den Logos ein (der bewirkt, daß das Urprinzip Feuer in Maßen brennt). Bei Platon stehen mechanisches Geschehen und Naturnotwendigkeit im Dienste der Idee. Die Welt wird nun verstanden als Abbild einer ewigen Ideenwelt, als ein göttliches Kunstwerk. Ideen sind aber nicht nur das wahrhaft Seiende, sondern zugleich werthaft. Das ist der Hintergrund für eine Ethik, die das Wahrhafte dieser Ordnung zu verwirklichen sucht. Dem „Sollen“ in Freiheit antworten, das bedeutet sittliches Handeln. Das sittlich Gute vollendet den Menschen in seinem Zentrum und seiner Ganzheit, im Gegensatz zu den intellektuellen oder ästhetischen Werten. Der metaphysische Hintergrund der Sittlichkeit –warum soll ich mich gut verhalten?- Sittlichkeit bedeutet für den Menschen das Gesetz seines Wesens und zugleich das Weltgesetz zu erfüllen. Die von der Gottheit gesetzte Weltordnung. die „lex aeterna“, ist die göttliche Weisheit, der göttliche Wille,der befiehlt, daß die natürliche Ordnung eingehalten wird. Gesetz heißt bei Thomas: eine Ordnung der Vernunft, die dem Gemeinwohl nützen und veröffentlicht werden muß. Wenn die Vernunft die Gesetze macht, ist es gut um das Staatswesen bestellt. Schlecht ist es bestellt, wenn der Wille die Gesetze macht z.B. bei Diktaturen. Die Vernunft steht an der Spitze. Nichts ist gewollt, was nicht vorher erkannt ist – dann kann erst der Wille dazukommen. Dieser muß von der Klugheit bewegt werden, um richtig zu handeln,wenn die Vernunft mehrere Möglichkeiten zeigt.

Vernunft = Fähigkeit, in die Zusammenhänge des Seins zu blicken.

Ratio = Verstand, Vernunft. „Rationalismus heißt: nur was die Vernunft erkennen kann, gilt. Mit Vernunft kann man alles erkennen, auch ein „höchstes Wesen“.

Intellectus (bessere Übersetzung für Vernunft) im Sinne der Fähigkeit, zwischen den Zeilen zu lesen, die Zusammenhänge zu erkennen.

Grundlage aller Sittlichkeit: Der Wert entsteht bei Thomas durch Gott. Er verleiht den Dingen mit dem Sinngehalt auch ihren Wertgehalt. Laut Thomas liegt der Wertgehalt im Akt, „jedes Seiende wird durch Tätigkeit vollendet“.

Die Struktur des sittlich Wertvollen: Als Geistperson konstituiert der Mensch einen neuen Seinsbereich. Seine Seinsstufe ist Geiststufe und diese bedeutet „Freiheit“. Darin leuchtet dem Menschen ein Sinn-Sollendes auf, das es zu verwirklichen gilt. Auch das sittliche Handeln ist Teil des Weltgeschehens und Weltgesetzes. Sittliches Handeln setzt auf Seiten des Subjekts vernünftiges überlegen und freie

Willensentscheidung voraus. Der sittliche Akt entsteht aus dem Einswerden von Vernunftentscheid und freiem Handeln des Subjekts. Ziele sind ideale Werte z.B. Liebe, Treue, Gerechtigkeit usw. Daraus ergibt sich, daß nicht jeder menschliche Akt ein moralischer Akt ist, sondern jener, der auf einen Idealgehalt bezogen ist. Gott allein kann zugleich Objekt und Ziel des menschlichen Handelns sein.

Mit Augustinus und Dionysius(um 500n.Ch.) behauptet Thomas, daß der Mensch immer aus irgend einer Liebe handle. Alle anderen Affekte (Sehnsucht, Freude, Trauer etc.) wachsen aus der Liebe heraus. Seit Origines, Augustinus, Petrus Lombardus (12.Jh. Erzbischof von Paris) gibt es einen „ordo amoris“(Ordnung der Liebe): Gott- Eltern-Kinder- Hausgenossen.
Was ist bei Thomas Sünde? Bei ihm ist Sünde ein Verstoß gegen die Vernunftordnung und damit zugleich gegen das göttliche Gesetz. Jeder Verstoß gegen die Ordnung beruht auf verkehrter Liebe bzw. ein Ding ist nur dann schlecht, wenn ihm die Vollkommenheit fehlt, die es aufgrund seiner Natur haben müßte.

Die Sittlichkeit hat den Primat vor der Seligkeit. Kant hat sich später vergeblich um den Ausgleich von Sittlichkeit und Seligkeit bemüht. Bei Thomas vollzieht sich der Ausgleich ontisch (seiend) und psychologisch dadurch, daß der Grundtrieb nach Seligkeit nur auf den Weg der Versittlichung des menschlichen Lebens seine Erfüllung finden kann. Freude und Glück sind nur Begleitwerte – der Gute ist auch der Glückliche, nicht umgekehrt. Das Wesen der Glückseligkeit folgt aus der Verbindung mit dem absolut wertvollem Ziel, Gott. Die Strafe folgt naturgemäß der Schuld, Sünde. Dieses ist ein ungeordneter Akt, somit verstößt jeder, der Schuld hat, der sündigt gegen die Ordnung. Dreifach ist die Ordnung, die verletzt werden kann: die der eigenen Vernunft, die des Staates und die göttliche Ordnung. Dem entspricht eine dreifache Strafe: durch Gewissensbisse, durch Ahndung der Obrigkeit, durch Gott selbst.

Noch kurz zur Tugendlehre des Thomas. Tugend allgemein kommt von Tüchtigkeit. Tugendhaftes Handeln heißt sittliches Handeln. Sie bedeutet die Fertigkeit, Leichtigkeit und Geneigtheit zum Vollbringen bestimmter, den Menschen angemessenen Handlungen. Dies kann nur durch Übung erlangt werden. Die Kardinaltugenden (in ihr sind die anderen Tugenden befestigt)sind die Klugheit, Tapferkeit, Gerechtigkeit, Mäßigkeit. Die erste und wichtigste ist die Klugheit. Definition nach Eugen Biser: Klugheit ist zu verstehen als das möglichst umfassende Bedenken aller Komponenten und Eventualitäten menschlicher Existenz und bedeutet Fähigkeit zur Sachrichtigkeit, Objektivität, Taktik, sowie flexibler , mehrseitiger Betrachtungsweise. Nach Thomas ist die Klugheit die Gebärerin und der Formgrund aller übrigen Kardinaltugenden, so daß, wer klug ist, ist auch gerecht, tapfer und maßvoll. Deshalb gilt, es ist unmöglich einen Menschen zur Gerechtigkeit, Tapferkeit, Mäßigkeit zu erziehen, ohne ihn zuvor zur Klugheit zu erziehen. Klugheit ist der Inbegriff der sittlichen Mündigkeit und sittlichen Freiheit. An anderer Stelle sagt Thomas: die rechte Vernunft erreicht der Mensch in der Klugheit, Gott aber erreicht er in der Liebe, denn diese durchformt die Klugheit selbst – wie, entzieht sich der menschlichen Erkenntnis.

Kurze Lehre vom Menschen nach Thomas: Die Seele beseelt und vergeistigt den Leib. Die Geistseele ist äußerlich vom Leib abhängig, aber nicht innerlich. Als Person, mit Vernunft ausgestattete Einzelsubstanz, ist der Mensch das Vollkommenste in der Natur, steht an der Spitze auf der Erde, ist im Universum das Geschöpf der Mitte. Er ist ein Mikrokosmos, in dem alle Seinsprinzipien des Universums zusammenlaufen. „Im Menschen ist das ganze All enthalten....". Daraus ergeben sich Eigenwert, Selbststand und Selbstzweck des Menschen.

Als Abbild Gottes ist der Mensch nicht auf das Universum als Endzweck hingeordnet, sondern auf Gott als letztes Ziel. Gott ist letztlich das Fundament der Menschenwürde. Insofern gibt es bei Thomas auch eine Höherschätzung der Art gegenüber dem Individuum. Heute ist für uns eine solche Vorstellung, wie sie bekanntlich der Kommunismus aufgriff (der Mensch ist nur ein Fall der Gattung Mensch) nicht mehr annehmbar. Charakteristika für die Geistigkeit des Menschen im Gegensatz zu der Sinnlichkeit aller übrigen Lebewesen: a) der Mensch ist weltoffen – der menschliche Horizont beschäftigt sich sogar damit wie er zu den Planeten kommen kann- b) der Mensch ist distanzierungsfähig. Dies ist Voraussetzung für Erkenntnisfähigkeit und Freiheit des Menschen.

Noch einige Worte zum Verhältnis Wille und Intellekt: Aus ihrer Immaterialität folgt ihre Unbegrenztheit. Beide Seelenpotenzen, Verstand und Wille, schließen sich gegenseitig ein. Was im Willen ist, ist gewissermaßen auch im

Verstand. Auch ihre Objekte, das Wahre und das Gute, enthalten sich gegenseitig. Jeder Willensakt ist von einem Erkenntnisakt abhängig: „es wird nichts gewollt, was nicht vorher erkannt wurde“. Der Wille kann erst tätig werden, wenn der Verstand ihm ein Objekt vorstellt. Von der beurteilenden Vernunft werden Dinge und Sachverhalte mit einem Werturteil versehen, aber der Wille ist dem gegenüber frei. Er hat nun die Voraussetzung, sich zu entscheiden. Es gibt kein Wollen und keine liebende Hingabe ohne Erkenntnis des geliebten Gegenstandes. Doch der Verstand muß mir erst sagen, ob er liebenswert ist. Der Verstand ist das Auge, das den Willen sehend macht. Merksatz über das Verhältnis Wille und Verstand: das Wahre ist gut, insofern es begehrenswert ist. Das Gute ist wahr, insofern es erkennbar ist. Beides greift ineinander über. Zum Unterschied vom sinnlichen Begehren bestimmt der Wille, wenn er ernst genommen wird, sich selbst. Sein Tun ist Selbstentscheidung. Als Natur ist der Wille zum Guten determiniert, aber ihm eignet die Fähigkeit zum entgegengesetzten Handeln. Damit sollten Intellekt und Wille als „geistige Fakultäten“ aufgezeigt werden. Also ist auch ihr Prinzip geistig. Dieses Prinzip ist die Seele.

Seele: griechisch =Psyche, lateinisch =Anima. Platon hat in Dialogen „Phaidon, Phaidros, Gorgias und auch im Staat“ über die Seele anschaulich geschrieben (der Ausdruck Psyche wurde schon von Homer benutzt). Im 6.Jh. wurde Psyche als Oberbegriff zur Bezeichnung seelischer Tätigkeiten (Denktätigkeit, Lebenskraft) bezeichnet. Das hängt mit dem Glauben an die Vergeltung des menschlichen Tuns im Jenseits zusammen.

Wichtig: als die eigentliche Kraft der Seele wird zunächst die Bewegung angesehen, die sie dem Körper, in dem sie

wohnt, , verleiht (als „Beweger“). Thales von Milet sah auch im Magnet eine Seele, weil er das Eisen bewegt. Der griechische „Hilozoismus“ sah die ganze Natur als Seele, weil sie sich bewegt (siehe Platon „Weltseele“). Es ist etwas Bleibendes, Unstoffliches in uns, das sich über die Lebensvorgänge hinweg erhält. Diese Substanz erzeugt die psychologischen Lebenstätigkeiten, trägt sie und belebt den Organismus. Nach den 3 Stufen des Lebens unterscheidet man 1. Vitalseele =Entelechie (zielstrebend) ‚Lebensprinzip des Organismus. 2. Sinnenseele =Prinzip des sinnlichen, animalischen Lebens (der Tiere).
3. Vernunft- oder Geistseele =Prinzip der höheren geistigen Lebenstätigkeiten des Denkens und Strebens. Alle diese Seelenschichten haben bestimmende Funktionen (dies gilt allgemein, nicht nur bei Thomas). Thomas Seelenlehre geht von Aristoteles aus. Grund der Annahme einer Seele ist der feststellbare Unterschied zwischen dem leblosen Körper und dem sich bewegenden. Merkmale des Lebendigen sind Selbstbewegung und Selbstgestaltung. Wo Leben ist, ist auch Seele, denn aus dem Körpersein kann das Leben nicht erklärt werden., sonst wären alle Körper lebendig. Der Körper ist bei Thomas noch nicht geprägt, sondern „materia prima“, also fast ein Nichts: 1. die Form Seele erhebt die materia prima zur Teilhabe am Sein; 2. die Form Seele erhebt die materia prima zur Teilhabe am „Lebendigsein“. Die Seele muß also ein immaterielles Prinzip sein.

Bei Aristoteles gehören Denken und Verstand der niederen Denkseele an. Von ihr unterscheidet er den theoretischen „Nous“, (Seele), der das Göttliche in uns bildet. Nach Aristoteles stammt die Denkseele nicht aus dem natürlichen

Zeugungsprozeß, sondern kommt „von außen herein als Gast aus fernem Götterland“. Sie denkt im Menschen ohne sich mit ihm in eine nähere Lebensgemeinschaft einzulassen. Die Seele kehrt wieder zurück, woher sie gekommen ist. Da sie nicht zur Natur gehört, sondern ihre Tätigkeit unabhängig vom Körper ist, kann sie nach dessen Zerfall weiterleben. Sie ist also unsterblich.

Platon lehrt bereits die Unsterblichkeit der Seele: „diese entledigt sich immer mehr der Materie, bis sie sich ganz der Betrachtung der Ideen widmen kann“.

Augustinus schloß sich Platon an. Bei ihm bedient sich die Seele des Leibes, bzw. ist eine Vernunftbegabte, zur Führung des Leibes fähige Substanz.

Zum metaphysischen Aufbau des Menschen: Aus Leib und Seele wird in jedem von uns eine doppelte Einheit gebildet, eine Einheit der Natur und eine Einheit der Person. Aus Körper und Seele (beides Konprinzipien) entsteht ein Drittes: der Mensch. Sonst kann er weder ohne den Körper noch ohne die Seele die spezifischen, menschlichen Aktionen setzen.

„Trapp“ argumentiert aus der Eigenart der menschlichen Sprache. Sie weist auf die Eigenart des Prinzips hin, dem sie entstammt. Die Sprache vereinigt ein körperliches und ein geistiges Element wie „Materie und Form“. Sprache und Denken stehen in einem wesentlichen Beziehungsverhältnis. In der Sprache stellt sich das Denken in seiner Leibgestalt dar. Wenn das Denken zum Abschluß kommt, wird es durch ein Wort formuliert (auch, wenn das Wort nur gedacht wird). Die körperlichen und geistigen Komponenten bilden eine Einheit –nämlich das sinngefüllte Wort (Logos im Gegensatz zu phone= Töne). Dieses Zustandekommen aus den beiden Komponenten, kann nur als Vereinigung nach Art von „Materie und Form“ verstanden werden. Durch die Sprache unterscheidet sich der Mensch vom Tier und reinem Geist. Ersteres hat keine, letzteres braucht keine Sprache. Die Sprache hat einen wesentlichen Bezug zur Vernunftnatur des Menschen. Eine Wortgestalt ohne geistigen Inhalt, also ohne Sinndeutung wäre sinnlos. Also, aus der Einheit dieser spezifisch menschlichen Operation schließen wir auf die Einheit des Prinzips, als Kompositum von „Materie und Form“, aus dem die Aktion hervorgeht. Es besteht eine mindestens so enge Verbindung zwischen Leib und Seele wie zwischen „Wortgestalt und Wortsinn“. Hierher gehören auch Ausdruck und Bewegungspsychologie. Die innere Tätigkeit bedarf zu ihrer Komplettierung eines körperlichen Ausdruckmittels, wie Gesten, Mimik, Gesichtsfarbe, Handschrift, Art zu sprechen. In der Bewegung gibt es bei vielen Menschen etwas, das ihn von anderen unterscheidet und folglich dem Wesen entstammt. Der Leib ist das Erscheinungsbild der Seele, die Seele ist der Sinn der Leibeserscheinung.

ABENDLÄNDISCHE PHILOSOPHIE DER NEUZEIT

Nikolaus von Kues (Cusanus) 1401-64

1450 – 55 Bischof von Brixen, war als Legat für ganz Deutschland tätig. Er war ein Philosoph des Übergangs und kannte die Scholastik und ihre Begriffsbildung, nahm aber in seinem Denken schon Vieles von der neuzeitlichen Welt vorweg. Seine Werke enthalten gegenüber der traditionellen, christlichen Philosophie eklatante Neuerungen, die ihn in die Nähe der Renaissance rücken. Kritische Selbstbestimmung gegenüber der Überlieferung, Verständnis für Empirie der Naturwissenschaften, kosmologische Spekulationen, Interesse am Sein des Menschen. Er intendierte keine kritische, autonome Philosophie. Sein wahrheitshungriges „Nichtwissen“ greift vielmehr direkt nach dem letzten Grund der Seins- und Erkenntnisordnung,nach der Urwirklichkeit und Urwahrheit Gottes. Durch ihn wurde wieder christlicher Glaube mit wahrer Wissenschaftsgesinnung zu fruchtbarer Einheit verbunden. Die Neuerungen brachten ihm den Titel „Begründer deutscher Philosophie “ein.

Karl Jaspers schrieb zum 500. Todestag: Cusanus hat schon längst vor Kopernikus die Erde als Mittelpunkt des Universums radikal in Frage gestellt. Aus philosophischen Erwägungen kritisierte er die Physik des Aristoteles und kam dabei zu der Auffassung von der Unendlichkeit der Welt. Damit gibt es keinen Mittelpunkt mehr, auch keine Begrenzung durch einen Fixsternhimmel. Die Vorstellung einer unendlichen Welt entsprang bei Cusanus dem Glauben, denn die geschaffene Welt ist ein Abbild der Unendlichkeit Gottes. Das Abbild ist allerdings eine andere, eingeschränkte Unendlichkeit.
Der Mensch gewinnt nun eine neue Größe, da er fähig ist von der Unendlichkeit zu wissen (Nietzsche meinte dagegen, daß der Mensch durch die Wandlung der kosmologischen Vorstellung verkleinert werde).
Die eigentliche Größe des Nikolaus von Kues (Cusanus) liegt nach Jaspers in seiner Metaphysik. Sein Erstlingswerk ist zugleich sein wichtigstes „Docta Ignorantia“ (Hintergrund Sokrates „ich weiß, daß ich nichts weiß“). Diese Aussage bedeutet zugleich, es gibt Menschen, die zu früh in ihrem Wissensdurst stehen bleiben und gar nicht merken, daß sie sehr Vieles nicht wissen. Entscheidend ist das

Adjektiv „docta". Es handelt ja nicht um ein Nichtwissen von Gott, sondern um ein wissendes Nichtwissen. Das Höchste in der Erkenntnis Gottes ist die Erkenntnis von seiner „Nichterkennbarkeit".

Die fortschreitende Enthüllung des Nichtwissens dämpft den intellektuellen Stolz vor dem göttlichen Unendlichen. Gott erweist sich immer größer, als er gedacht werden kann – so formuliert Anselm von Canterbury, was Kant später den ontologischen Gottesbeweis nannte. Cusanus: Er ist das Allergrößte, mit dem das Allerkleinste zusammenfällt. Doch sind diese Gegensätze nicht kontradiktorisch, sondern haben etwas Gemeinsames; groß und klein haben z.B. die Quantität gemeinsam. Erklärung Bruggers: Gott ist der Größte, weil seine Unendlichkeit alles Endliche überschreitet. Gott ist der Kleinste, weil seine Einfachheit alle Maße des Endlichen unterschreitet. – Unendlich ist ein Seiendes, dem nichts hinzugefügt und von dem nichts weggenommen werden kann -. Gott ist vom gesamten Universum und allen darin Seienden der unteilbare „Mittelpunkt", damit das absolute Minimum und so überall. Als der unendliche Umfang aber ist er das absolute Maximum und so räumlich nirgends. Das Begreifen dieses Unbegreiflichen wird vom menschlichen Geist im Medium der Mathematik vollzogen, das die Aufgabe einer symbolischen Repräsentation der Wahrheit übernimmt.

Die Existenz Gottes steht für Cusanus außer Zweifel. Sein Glaube ist dafür Bestätigung. Er sagt, ich kann von Gott wissen, „daß er ist", aber nicht „was er ist". Würde man Gott in seinem Wesen erkennen, würde der Satz von Augustinus gelten: „Wenn du es begreifst, wisse, das ist nicht Gott". Cusanus ist im Grunde Platoniker und das platonische Erbe zeigt sich gerade in seiner Wesenserfassung. In „Idiota"(=Laie) sagt er: Nichts in der Welt ist so genau, daß es nicht noch genauer oder gerader oder wahrer sein könnte. Der Erkenntnisprozeß ist für Cusanus ein unendlicher Weg der Mutmaßungen (s. Platon im Phaidon: „ich habe schon ein Vorwissen, wenn ich etwas vergleiche"). Cusanus fügt zu seiner negativen Theologie auch das Positive hinzu, wie z.B. Gott ist das Eine, das Vollkommene, aber auch Gegensatzpaare wie Gott ist das Große und das Kleine, das Nämliche und das Verschiedene, die Ruhe und die Bewegung, die Ewigkeit und die Zeit. Er sagt, wir wissen um das Nichtwissen von Gott, wie wir auch um das Unendliche wissen, doch wissen wir nicht das Unendliche. Daraus ergibt sich, daß auch unser Wissen um das Wesen der Dinge beschränkt ist. Zugleich aber wissen wir um die Urbilder Schönheit, Gerechtigkeit, Güte, - diese sind nicht von dieser Welt, aber wir messen die Welt an ihnen. Hintergrund hierfür bildet die Ideenlehre Platons. Es ist klar, daß die Teilhabe nicht so vollkommen sein kann wie die Idee selbst. Dieser Gesichtspunkt macht unser Wissen begrenzt. Wesenserkenntnis ist deshalb eine unendliche Aufgabe.

Das Apriori(Vorwissen) unserer Erkenntnis ist das UNUM: Es kommt nicht aus der Erfahrung durch Abstraktion, sondern umgekehrt. Alles ist durch und aus und in dem Einem Gleichnis des göttlichen Geistes. Dieser ist der Begriff aller Begriffe, die Form aller Formen. In ihm, als der absoluten Einheit, ist alles enthalten. So kann man von ihm alles als Explikation (Entfaltung) ableiten. Wenn alles aus dem UNUM abgeleitet werden kann, dann fallen im Unendlichen die Gegensätze, die ja erst in den Vielen auftreten,

zusammen.
In diesem Gedanken liegt der große Wurf des Cusanus. Im logischen Bereich unterscheidet Cusanus zwischen Vernunft und Verstand. Nur für den Verstand gilt der Satz vom Widerspruch d.h. einander gegenüberstehende Urteile können nicht gleichzeitig wahr sein.. Die Vernunft aber transzendiert die Raum/Zeit-Welt. Von ihr ist die schöpferische Kraft, ist das Viele abgeleitet. Cusanus nimmt hier schon den deutschen Idealismus voraus.

Rene Descartes 1596 – 1650
Er wird „Vater der neuzeitlichen Philosophie" genannt, hat aber keinesfalls das Alte vom Tisch gefegt. Er hat sich mit der Scholastik eingelassen und etwas davon mitgenommen (Prägung durch Jesuiten-Schule von La Fleche). In der Neuzeit fällt besonders eine Zersplitterung des Denkens auf. Es beginnt die Rückwendung auf das Subjekt; der Mensch wird mündiger. Es bilden sich die Nationalstaaten, die Völker treten auseinander. Auf philosophischen Gebiet begegnet uns von jetzt an eine Fülle von Meinungen. Besonders drei philosophische Strömungen:

1. Rationalismus (Überbetonung der Vernunft)
2. Empirismus (Überbetonung der Erfahrung)
3. Kritischer Idealismus von Kant (Versuch einer Synthese der Strömungen 1und2).

Descartes eröffnet die Reihe der Philosophen, die man unter Rationalismus einordnet. So wie ihn Descartes vertritt (auch Leibniz und Spinoza) vernachlässigt er keineswegs die Erfahrung. Wichtiger aber als das Tatsächliche erscheint dem Rationalisten das Notwendigste, und zwar das Notwendige des Seins, des Geistes, der Werte. Diesem

Notwendigen sucht er sich zu nähern auf dem Wege über die Vernunft. Der erkenntnistheoretische Rationalismus schneidet ein wichtiges logisches und ontologisches Problem an, nämlich den „Apriorismus“(Gewißheit im voraus).

Nach dem Studium tritt Descartes in den Kriegsdienst ein. Er diente im Heer Maximilians von Bayern und zwar in Neuburg a.d. Donau. 1628 siedelt Descartes nach Holland über. Dort entstehen seine Hauptwerke. 1649 ruft ihn Königin Christine nach Stockholm. 1650 stirbt er dort. Seine Hauptwerke: 1)Discours de la Methode, 2)Meditationes de prima philosophia, 3)Recherche de la Verité. Das Eigentliche des Descartes ist die Suche nach einer unumstößlichen Gewißheit. Er sagt, ich muß eine Gewißheit erlangen, die jeden Zweifel ausschließt. Descartes fragt: inwieweit ist es sicher, daß Körper existieren?

Ist das, was wir sehen, wirklich oder nur geträumt? Naive Überzeugungen sind, daß es Gegenstände außer mir gibt, daß die Dinge wirklich so sind wie sie uns erscheinen, daß wir einen ausgedehnten Körper und eine geistige Seele haben, daß Mathematik und Physik wirkliche Verhältnisse von Gegenständen beschreiben, daß es einen Gott gibt. Jetzt stellt sich die Frage, welchen Grad an Sicherheit bieten nun diese Überzeugungen? Wir suchen nicht eine vorläufige Gewißheit, sondern eine endgültige. Was ist hier endgültig gewiß? Wenn in einer Art von Erkenntnissen manchmal Irrtümer vorkommen, so muß man zugeben, daß die Möglichkeit des Irrtums immer vorhanden ist. Schlußfolgerndes Denken wäre: alle kontingent seiende Dinge haben eine Wirkursache. Aus der Tatsache gelegentlicher Fehler wird die prinzipielle Unsicherheit des schlußfolgernden Denkens abgeleitet.

Der Unsicherheitsfaktor scheint bei Descartes hauptsächlich im Gedächtnis zu liegen. Selbst einfache Verstandeseinsichten wie z.B. das Quadrat hat vier Seiten, ein Dreieck hat eine Winkelsumme von 180 Grad, werden bei Descartes in die Skepsis mit einbezogen. Bei dieser Art von Skepsis genügt der Hinweis auf empirische Zweifelsgründe nicht mehr und nun tut hier Descartes einen Schritt in die Metaphysik und führt jetzt die Hypothese des „deus malignus“ ein. Er meint nun, es wäre möglich, daß wir von einem höchst mächtigen Wesen erschaffen wurden, das aber nicht gut ist, sondern böse, und von dem Willen erfüllt ist, uns immer dann zu täuschen, wenn wir meinen, ganz sicher zu sein. Descartes: „aus diesen Gründen bin ich gezwungen zu gestehen, daß an allem, was ich früher für wahr hielt, zu zweifeln möglich ist. Dies nicht aus Unbesonnenheit oder Leichtsinn, sondern aus triftigen und wohlerwogenen Gründen“. Er fordert also Aufhebung jeglicher, objektiver Gewißheit. Alles hat sich als unsicher erwiesen und der „deus malignus“ ist die Radikalisierung des Zweifels. Somit ist also die Möglichkeit des Irrtums nirgends ausgeschlossen.

Der Zweifel des Descartes ist letztlich fiktiv. Der Sinn der Zweifelsgründe liegt in ihrer Bedeutung der Wahrheitsfindung. Funktion des Zweifels besteht in der Auffindung des Unbezweifelbaren. Bei dieser letzten Gewißheit muß es sich um eine Existenzgewißheit und nicht um eine Beziehungsgewissheit handeln.
Durch den Zweifel wurden alle Bereiche methodisch eliminiert, in denen eine Gewissheit nicht erwartet werden

kann.

Es geht nun um die Auffindung eines Punktes, von dem aus Gewißheit erlangt werden kann. Dieses Ursächliche muß verschieden sein von allen bisher aufgestellten Möglichkeiten: „die Selbstgewißheit des Zweifelnden, das denkende Ich". In jedem Akt des Zweifels wird das „Ich" als gewiß erkannt (je pense, donc je suis- ich denke, also bin ich). Die Existenz des Zweifelnden kann nicht mehr in Zweifel gezogen werden. Dies drückt Descartes am klarsten aus in „Recherche de la verité" (Suche nach der Wahrheit). Mit Grund ist Zweifel an allen Dingen möglich, die durch die Sinne zu uns gelangen. Kann man aber auch am eigenen Zweifel zweifeln? Nein! Also ist es auch wahr, daß der Mensch selbst der Zweifelnde ist. Dies ist die Hervorbringung der ersten Gewißheit: Ich bin!

Durch die Zertrümmerung des natürlichen Weltbildes erfolgt eine Verengung des geistigen Gesichtskreises auf die klare Gewißheit der eigenen Existenz, auf die sich alle weitere Erkenntnis beziehen muß. Die Selbstvergewisserung, an der nicht gezweifelt werden kann, vollzieht sich im Zweifel. Der Zweifel hat alle objektiven Gehalte aufgehoben und das Denken in die Reflexion auf seinen eigenen Vollzug hingezogen. R ö d gibt die entscheidende Formulierung in „Recherche" so wieder: „Ich weiß, daß ich zweifle, also weiß ich, daß ich bin". Es geht hier nicht um das Verhältnis von Sätzen, sondern um das von Gewißheiten. Das Wesentliche ist ihre Reflexivität, die Rückwendung des Denkens auf sich selbst ist die einzige Bedingung der Selbstvergewisserung. Da bei Descartes die ganze Wirklichkeit in Frage gestellt wird, verschiebt sich der

Sinn von Realität auf das Subjekt. „Denkend erfahre ich mich als Seienden (ego cogito, ego sum)“. Descartes` Beitrag zur zukünftigen Philosophie: Die ganze Außenwelt muß nur vom Subjekt her entworfen werden. Die Gewißheit des „Cogito“(ich denke, also bin ich) wird für Descartes zum Modell für methodisch gesicherte Gewißheit überhaupt, daher wollte er durch Reflexion auf das erste Prinzip zu einem allgemeinen Kriterium der Wahrheit gelangen. So z.B. bei den mathematisch – geometrischen Charakter des cartesianischen Gedankensystems. Das „Cogito“ ist nämlich ein Erstes, Einfaches, Absolutes, ein Grundelement, von dem aus alles Zusammengesetzte analysiert und alles aufgebaut werden kann, und zwar durch „Deduktion“ (typisch für den Rationalismus). Mehr als Deduktion und Intuition ist nicht zulässig. Unter Intuition versteht Descartes nicht verworrene Bilder der sinnlichen Anschauung, sondern ein so einfaches und distinktes Begreifen eines reinen und aufmerksamen Geistes, das allein dem Licht der Vernunft entspringt wie z.B. ich sehe, daß das Dreieck durch drei Seiten begrenzt wird. Descartes geht von der inneren Erfahrung aus und entdeckt hier bestimmte Ideen, die er „eingeborene Ideen (idea innatae) nennt. Mit eingeborenen Ideen ist das gemeint, was unmittelbar von unserem Geist erfaßt wird. Laut Hirschberger sind diese die ewigen, notwendigen, ontologischen Wahrheiten, die ich in mir vorfinde. Von der Möglichkeit absoluter Wahrheit ist Descartes ja überzeugt. Den absoluten Zweifel nimmt er nur deshalb als Ausgangspunkt, um der Wahrheit zu dienen. Er ist der Typ des theoretischen Menschen schlechthin und sein Glaube an ewige Wahrheiten und Wesenheiten ist unerschütterlich. Insofern gehört er in die Reihe der antiken und mittelalterlichen Denker.

Warum aber ist er der Vater der neuzeitlichen Philosophie? Weil an seine Ansätze sich Entwicklungen anschließen, die typisch modern werden. Primat der Immanenz gegenüber der Transzendenz= Überschreiten der Raum- Zeit- Welt. Die Transzendenz wird als Illusion gestrichen, besonders von Feuerbach und Marx. Diesen Prozeß wollte Descartes nicht, leitete ihn aber ein, indem seine Vorstellungen weniger weiterentwickelt als verwandelt wurden. Durch Veränderung des Objekts zugunsten des Subjekts ermöglichte Descartes den Psychologismus der Engländer(D. Hume), die Immanenzphilosophie der Deutschen und die allgemeine philosophische Anthropologie.(Lehre vom Menschen) Die moderne Erkenntnistheorie ist ebenfalls eine Nachwirkung des COGITO. Was im Mittelalter die Metaphysik war, wird nach Descartes die Erkenntnistheorie. Jetzt wird der Zweifel real, existenziell. Typisch ist nach Hirschberger hier das Anknüpfen an einzelne Gedanken Descartes`s zur Ausgestaltung von Theorien und Weltanschauungen, die Descartes nie gebilligt hätte.

Nachwirkungen des COGITO im Rationalismus: Descartes ist der Anherr des Rationalismus. Klassische Rationalisten sind außerdem Spinoza und Leibniz. Doch ist Rationalismus nicht immer derselbe z.B. der typisch französische der Aufklärung (=Heraustreten aus selbstverschuldeter Unmündigkeit. Wage deinen Verstand zu gebrauchen) – lt. Kant in „Was ist Aufklärung“. Nur das ist wahr, was sich vor dem Richterstuhl der Vernunft ausweisen kann. Die Offenbarung Gottes wird dem Aberglauben zugewiesen. Dagegen steht Descartes mit seiner „idea clara et distincta“, seiner mathematischen Wissenschaftsauffassung, seiner Methode der Analyse und Synthese, der Vorliebe für das Begriffliche, Allgemeine, der Vernachlässigung des Individuellen, besonders aber seinem Glauben an die rationale Durchschaubarkeit des ganzen Seins. Wenn wir heute vom seelischen Bewußtsein reden, benützen wir die Sprache Descartes, aber nicht den seichten Rationalismus der Aufklärung. Der Mensch folgt dem Gesetz in seinem Inneren, deshalb darf er nicht von außen bestimmt werden; das wäre Heteronomie (fremdbestimmt).

Weiter bei Descartes mit dem Gottesproblem und Gottesbeweis: das Gottesproblem stellt sich Descartes mit den „idea innatae“, die das Ich klar und deutlich wahrnimmt. „Roed“ schreibt dazu: Jeder Schritt über das COGITO – Gesicherte hinaus mußte Descartes als problematisch erscheinen. Denn woraus leiten wir das Recht ab aus der methodischen Gewissheit des Subjekts die reale Existenz des Selbst anzunehmen, oder auch der materiellen Dinge? Es bedürfte ja einer Garantie durch eine außerhalb des Subjekts befindlichen Instanz. Descartes glaubt, die objektive Gültigkeit der Erkenntnis dadurch sichern zu können, daß er die Wahrheit rationaler Einsichten auf Gott zurückführt: „von einem höchst wahrhaftigen Wesen geschaffen, muß der Intellekt objektiv gültiger Erkenntnisse fähig sein, andernfalls wäre das Irreführung (ein Vorwurf, der mit der unendlichen Vollkommenheit Gottes in Widerspruch stünde). So kann also Gott für Descartes bewiesen werden. Definition der unendlichen Substanz nach Descartes: „Etwas, das so existiert, daß es nichts anderes zur Existenz braucht“. Ein Gedankengang ist z.B. logisch, wenn wir Unvollkommenes denken wollen, müssen wir immer das

Vollkommene voraussetzen. Wenn wir Endliches denken wollen, müssen wir das Unendliche voraussetzen. Dieses darf aber nicht als Negation des Endlichen aufgefaßt werden, sondern ist eine wahre Idee, also etwas Positives. Es ist auch so, daß der Begriff des Unendlichen dem Endlichen in gewisser Weise vorangeht, auch wie sollten wir sonst das Unvollkommene als solches erkennen und darüber hinaus streben? Diese Überlegung war schon Augustinus und Bonaventura bekannt; sie gehört in die neuplatonische Tradition. Descartes spricht auch von Gott geschaffenen Wahrheiten: „Ich sage nicht, daß ich es weiß, und nicht, daß ich es begreife, noch, daß ich es erfasse – aber eine Sache zu wissen genügt, sie mit dem Geist zu berühren".

Das Wesen Gottes hat Descartes auch „causa sui" genannt. Es ist klar, daß nichts die Ursache von sich selbst sein kann, falls die Ursache ein Vorangehen bedeuten soll oder die Verschiedenheit von der Wirkung. Gott braucht aber keine Beihilfe zu seiner Existenz. Er braucht nichts, was ihm voranginge oder was ihm folgen könnte bzw. von ihm verschieden wäre. Daher wohl der Ausdruck „causa sui" bei Descartes. Er polemisierte gegen Leute, die von der sinnlich – wahrnehmbaren Welt nicht loskommen und es deshalb für schwierig halten Gott und die Seele zu erkennen. An der Existenz der Seele und Gottes können nur die zweifeln, die ihren Geist nicht über die Sinnenwelt erheben. Die Natur der Seele besteht im Denken, nicht allein im logischen Denken, sondern in allem, das wir Bewußtsein nennen, einschließlich Wille, Empfindung, Einbildung (also nicht geistige Akte). Damit hat Descartes den Begriff der modernen Psychologie geformt.

Descartes erkennt im Lebendigen keine eigene Schicht des Seins mehr wie z.B. sensitives Sein. Pflanzen und Tiere sind für ihn Automaten, ohne Seele. Sie besitzen keine Selbstbewegung. Alles, was sie tun, ist nur mechanische Reizreaktion. Auch der Leib des Menschen ist eine Maschine. Die Lebensbewegung ist Teil der kosmischen Bewegung, zu verstehen wie eine Uhr. Beim Menschen muß Descartes den strengen Mechanismus durchbrechen. Er ist doch kein Roboter, sondern unterscheidet sich durch Sprache, Denken und vernünftige Bewegung, die nicht bloße Reizreaktionen sind. Der totale Mechanismus wird beim Menschen wegen seiner Seele, die Trägerin der Willensfreiheit ist, unterbrochen.

Gottfried Wilhelm. v. Leibniz (1646 – 1716)
„Urs von Balthasar“ schreibt über ihn: „Wohl ist eine christliche Philosophie mit einem so triumphalen Totalitätsanspruch aufgetreten wie das alles wissende, alles bedenkende und alles versöhnende System des barocken Uomo Universale Leibniz: Er ist der Rechtsanwalt Gottes, der die „Causa Dei“ ausficht, voll denkerischer Durchschlagskraft in allen Gebieten der Philosophie, Theologie, der überlieferten Metaphysik der Antike, der Kirchenväter und Scholastiker, der modernen Naturwissenschaften, wie der mathematischen, physikalischen, biologischen Forschung, der Technik, der Rechts - und Geschichtswissenschaften, der europäischen Politik und der kirchlichen Ökumenik.....“.Leibniz wurde in Leipzig geboren, lernte mit 8 Jahren allein Latein, begann mit 15 Jahren sein Studium in Leipzig und promovierte mit 21 in Altdorf als

Jurist. Mit Peter d. Großen erwog er u.a. ein Weltkonzil zur Wiedervereinigung der abendländischen Christenheit. In Rom pflegte er enge Beziehungen zur Kurie und zu den Jesuiten. Mit fast allen bedeutenden Gelehrten Europas stand er in Briefwechsel. Er regte die Gründung der Akademien von Berlin, Dresden, Wien und Petersburg an. Seinem Geist schwebte die Schaffung einer weltumspannenden Organisation zum Wohl der Menschheit vor.

Der wahre Leibniz ist aber Philosoph. „Als ich nach den letzten Gründen des Mechanismus und der Bewegungsgesetze forschte, war ich erstaunt, daß es nicht möglich war, sie in der Mathematik zu finden, sondern, daß ich zur Metaphysik zurückkehren mußte (wie schon in der Antike bei Pythagoras, Platon, Demokrit u.a.) d.h. dies führte mich zu den Entelechien, der letzten Einheiten, von der Materie zur Form....“. Seine Philosophie war „Monadologie“. Monade kommt vom griechischen monas (Einheit). In ihr sah man seit den Anfängen des Philosophierens eine Wesensbestimmung des Seins. Deshalb war die Seinslehre immer schon auch Monadenlehre. Das Wesen der Monade ist der einfache, völlig in sich geschlossene Urträger des substantiellen Seins (das bedeutet, das eigentliche Sein). Sie wird als etwas Seelenartiges verstanden, auf das auch das Körperliche zurückgeht. Der Mensch wird sinnvollerweise von der Seele her definiert. Die „unendliche Monade“ Gott schaffte die „endlichen Monaden“. Leibniz kam dadurch zur Erkenntnis, daß die Monaden oder einfachen Substanzen die wahrhaften Substanzen sind., während die materiellen Dinge nichts als Erscheinungen sind, die allerdings wohlbegründet und untereinander verknüpft sind. Er fährt dann fort, daß die Formalisten Platoniker und Aristoteliker zu Recht die Quelle der Dinge in formalen Zweckursachen suchen. Alles in den Naturerscheinungen geschieht gleichzeitig auf mechanische und metaphysische Weise „aber die Quelle der Mechanik liegt in der Metaphysik“. Damit wird Leibniz zum neuen großen Synthetiker. Also müssen die wirklich letzten Bausteine seelische Elemente sein (unausgedehnt, unteilbar und wirklich). Sie sind nach Leibniz „die wahrhaften Atome der Natur und mit einem Wort die Elemente der Dinge“. Die Monade ist ausdehnungslos, aber kein mathematischer Punkt, und etwas Nichtkörperliches. Also kann sie nicht vergehen, denn sie kann sich als absolut einfach nicht in Teile auflösen. Sie kann aber ebensowenig durch das Zusammentreten bestimmter Teile entstehen. Die Monaden wurden darum von Gott unmittelbar erschaffen und können nur von ihm vernichtet werden. Leibniz unterscheidet bei den Nomaden Gradabstufungen der Vorstellung:

1) Unterste Stufe: unbewußt dahin dämmernde bloße oder nackte Monaden mit dunklen Vorstellungen, also unbewußte Natur.
2) Monaden, deren Vorstellungen mit Bewußtsein geschehen, Empfindung und Gedächtnis sind vorhanden, Seele im engeren Sinn (Pflanzen und Tiere).
3) Vorstellung mit Selbstbewußtsein, Aperception, typisch für den Menschen, hier ist Definition möglich.
4) Nur die göttliche Monade hat ganz deutliche Vorstellungen. Sie ist reine Tätigkeit – actus purus.

Der Begriff unbewußte Vorstellung ist für die spätere Psychologie von Bedeutung.

Die Frage nach dem Tod: Nach Leibniz tötet der Tod die Seele des sichtbaren Leibes nicht, sondern bringt eine Veränderung in ihr hervor. Sie gerät in den Zustand der Betäubung und erhält dann einen unendlich kleinen Leib, eine nackte Monade (die Seele existiert also niemals ohne Leib). Umgekehrt ist Geburt die Entwicklung der Monade zum Organismus. Die Lebenskeime selbst sind unsterblich. Leibniz glaubte, in den Spermatozonen diese kleinsten Lebewesen entdeckt zu haben. Da kein Keim im Universum verloren geht, wird Gott die menschliche Seele aus dem Zustand der Betäubung wieder zu vollkommener Klarheit und verklärter Leiblichkeit empor führen (vergleich Monade des Faust, die von Engel getragen, größer wird).

Der „Entelechie-Begriff" (Lebensprinzip nach Haas): Substantieller Ursprungsgrund der Eigengesetzlichkeit der Organismen gegenüber allem Anorganischem. Im Anschluß an Aristoteles nennt er dies die vitalistische Naturphilosophie (dieses überstoffliche, die organische Ganzheit zielstrebig wirkende Prinzip) „Entelechie". Die Materie baut sich aus immer kleineren, schließlich kleinsten Teilchen auf, mit der Konsequenz, daß auch der kleinste Teil eine aktuelle Unendlichkeit wieder von kleinsten Teilen in sich birgt. Die Unendlichkeit der kleinsten Teilchen wird zur Unendlichkeit der Lebewesen. Jedes Teilchen ist von Nomaden beseelt, so daß es nur beseelte Teilchen gibt. Die Allbeseelung ist die Folge. „Die ganze Welt ist voller Lebenskeime....jeder Organismus baut sich aus einer Vielheit von Lebewesen auf".

Die TELEOLOGIE (Zielgerichtetheit der Natur) charakterisiert Leibniz`Naturphilosophie am stärksten gegenüber Spinoza, Hobbes, Descartes. Es handelt sich hier um die

Erklärung der Natur aus Zweckursachen. Für Leibniz ist aber die mechanische Naturauffassung durchaus vereinbar, die alles kausal erklärt aus Zahl, Maß, Gewicht, Bewegung (Urtyp alles mechanischen ist die Maschine). Das Grundgesetz vom Übergang von „Potenz in Akt" steht hinter aller Bewegung, also auch hinter den mechanischen Gesetzen der Natur, so daß diesen etwas Metaphysisches innewohnt. Der Mechanismus steht im Dienst der Teleologie (Zielgerichtetheit), bei der Verwirklichung von Ideen und Zwecken als harmonischer Zusammenhang des Ganzen. Beide Betrachtungsweisen ergänzen sich also.

Nach Leibniz geschieht nichts ohne die höchste Vernunft. Beides nämlich ist Gott: Form im höchsten Sinn oder erste Ursache und letzter Grund aller Dinge (so zitiert bei H. Mayer). Diese letzten Worte verweisen auf den typischen Optimismus von Leibniz, der sein Gottesbild prägt: Gott ist für Leibniz ein persönlicher Gott und er ist nicht nur Gegenstand des Glaubens (oder Postulat der Ethik wie bei Kant), sondern er ist auch vernunftmäßig beweisbar. Die Vernunft ist für Leibniz die Grundlage der Religion. Die Methode seines Gottesbeweises geht weiter als das Kausalitätsprinzip, denn es sieht neben dem Grund der bloßen Existenz auch noch den des Wesens und der Ziel- und Strebeordnung.

Er geht davon aus, daß das Reich der endlichen Monaden nicht aus sich selbst existieren kann, denn kein endliches Wesen trägt den Grund seines Daseins in sich selbst. Also muß ein notwendiges Wesen existieren, das, in sich selbst gründend, keines anderen Grundes mehr bedarf.

Ergänzung durch das teleologische Argument: Ordnung und Zweckmäßigkeit der Natur erfordern einen allweisen, allgütigen und allmächtigen Urheber. Der Tradition entnimmt Leibniz auch das Argument aus der Wahrheit. Würden die ewigen Wahrheiten (Urprinzipien) auch gelten, wenn es keinen Gott gäbe? Leibniz antwortet: Ein Atheist kann Geometer sein, aber ohne Gott gäbe es keine Geometrie, ja überhaupt nichts Wirkliches und nicht einmal Mögliches. Ohne göttliche Vernunft gäbe es keine Vernunftwahrheiten. Die Wahrheiten sind im göttlichen Geist verankert, daher gibt es letztlich nur eine Wahrheit.

Zur abendländischen Weltanschauung gehört:

1) Gott denkt die Wesen
2) Er will sie (Schöpfungsakt)
3) Dann geschieht das Werden im Naturprozeß

Gegensatz, der Existenzialismus: Es gibt keinen Gott, keine vorgeschriebene Wertordnung; diese muß der Mensch selbst schaffen, also „muß er sich selbst schaffen".
Leibniz versucht seine Lehre von der „besten Welt" mit dem Bild von dem Palast der Schicksalbestimmung zu verdeutlichen, dessen Gemächer in einer Pyramide auslaufen, so daß sie zur Spitze hin immer schöner werden. Die Spitze selbst bedeutet, die beste Welt. Die eigentliche Schönheit aber geht erst nach diesem sterblichen Leben in einem anderen, besseren Zustand auf.

Die Stellung des Menschen im Monadenreich: Alle Menschen sind einfache und unausgedehnte Wesen. Ihre Zahl (der Monaden) ist unendlich und alle sind voneinander verschieden. Wir müssen bei ihnen Geistigkeit – die beim Menschen beginnt – unterscheiden vom seelischen Sein im Allgemeinen. Alle organische Lebewesen stellen ja Monaden dar. Im Selbstbewußtsein erfaßt sich der Mensch als denkendes und strebendes Ich, das ihm als Träger des Innenlebens offenbar wird.

Nach Leibniz :a) haben Tiere eine Seele, so besitzt der Mensch Geist. b) Haben die Tiere Perzeptionen, so besitzt der Mensch Apperzeptionen (nach H. Meyer= reflexives Selbstbewußtsein mit erhöhter Klarheit und Deutlichkeit der Vorstellungen, zugleich Spiegel des Universums und Gottes zu sein. Perzeption = Akt der niederen, noch nicht zur vollen Klarheit und Deutlichkeit gediehenen Vorstellungen). c) Haben die Tiere nur Instinkt, so der Mensch Vernunft. d) Sind die Tiere triebgebunden, so besitzt der Mensch die Fähigkeit des vernunftgemäßen Wollens (durch seine Geistigkeit). Mit der Geistigkeit beginnt die Sittlichkeit und die Religion. Daraus gründet auch die persönliche Unsterblichkeit des Menschen. Keine Monade geht unter. Sie verliert im Tod nur ihren sichtbaren Leib. Die Seelenmonaden vertauschen ihren Zustand mit völliger Betäubung und vermögen sich aus ihm durch Eingehen in einen neuen Lebenszusammenhang wieder zu erheben.
„Hans Meyer" hebt besonders den Individualismus des Leibniz hervor. Bei ihm erreichte er seinen Höhepunkt. Die menschliche Tätigkeit ist eine solche des Erkennens und Wollens. Dabei geht das Sein aber dem Denken voraus. Daß der Verstand für seine Tätigkeit die Sinne braucht, bildet für Leibniz kein Problem. Das genügt aber nicht für die Wissenschaft. Für diese muß etwas anderes hinzu kommen, was sich die Sinne nicht liefern können, sondern nur der Verstand. Es handelt sich nur um reine Verstandesbegriffe. So ist der Kreis auf dem Papier niemals der wirkliche Kreis, sondern nur ein Symbol für den mathemati-

schen Kreis, der in seiner intelligiblen Idealität allein den wahren Kreis darstellt. Also verstehe ich in Wirklichkeit von ihm her erst den sinnlichen Kreis auf dem Papier (Beispiel „Menon“ bei Platon). Die sinnliche Erkenntnis und das Denken gehören verschiedenen Ordnungen an. Beispiel: die Luft ist notwendig zum Leben, doch das Leben ist etwas anderes als die Luft. Leibniz unterscheidet Vernunftwahrheiten und Tatsachenwahrheiten. Dabei geht es ihm um die Frage, ob wissenschaftliche Sätze nur Wahrscheinlichkeiten oder Gewißheiten einschließen. Erst in den Vernunftwahrheiten kommen wir zu ewigen, notwendigen Wahrheiten. Beispiel: die reine Mathematik, ebenso Logik, Metaphysik, Moral usw., auch die Rechtswissenschaft. Die Wissenschaft vom Recht nimmt nicht von den Sinnen her ihren Ausgang, sondern hat es mit ewigen Wahrheiten zu tun. Sie kommt also von der Idee der Gerechtigkeit her, nicht von der Summe der Gesetze. Diese wären nur Macht. Gesetze können nämlich ungerecht sein, das Recht aber nicht.

Wie verhält sich der Mensch zu Gott? Der Mensch hat eine besondere Beziehung zu Gott als dem Inbegriff der Vollkommenheit der Geistpersonen. Während die anderen Wesen mehr die Welt spiegeln, stellen die menschlichen Personen mehr Gott dar und sind geeignet, seine Güte ausstrahlen zu lassen. Die geistigen Substanzen sind der höchsten Vollkommenheit fähig, einer Vollkommenheit, die nicht nur ein Diesseits, sondern noch ein Jenseits verlangt. Gerade deshalb dürfen wir annehmen, daß Gott unsere Person nie vernichten, sondern dauernd erhalten wird (Hirschberger). Voraussetzung für die Unsterblichkeit des Menschen ist seine geistige Struktur. Wesentlich ist dazu der Glaube, ein Geschöpf Gottes zu sein. Ohne diesen Glauben gibt es keine Unsterblichkeit.

Geistige Wirkung des Leibnizianischen Entwurfs auf Goethe z.B. in "Faust II" im Schlußakt (sozusagen dem Nachspiel im Himmel) geht es um die Rettung des Faust „entelechischer Monade“. Die beiden Begriffe Entelechie von Aristoteles und Monade von Leibniz zeigen eine Welt und Verwandtschaft zu den Vorstellungen, die Goethes Welt- und Naturbild zugrundeliegend, so daß er sie für sich übernehmen konnte. In einem Brief an Zelter schreibt Goethe: „Die entelechische Monade muß sich in rastloser Tätigkeit entfalten; wird ihr diese zur anderen Natur, so kann es ihr in Ewigkeit nicht an Betätigung fehlen“. Hierbei durchschreitet die Entelechie die Welten und eignet sich diese an, und wenn eine Welt durchschritten ist, so betritt sie eine neue Welt, hier wieder von vorn beginnend, dabei aber die Welterfahrung behaltend. Dies muß beachtet werden beim Aufsteigen der Entelechie des Faust d.h. in eine Phase der Vollendung.

Goethe bindet den Unsterblichkeitsgedanken an den Entelechie- bzw. Monadenbegriff. In der Gedächtnisrede auf Wieland (1813) bekennt sich Goethe in Anknüpfung an die Monadenlehre zur Seelenwanderung und zur Wiederkunft: „ich bin gewiss, wie sie mich hier sehen, schon tausendmal dagewesen, und ich hoffe noch tausendmal wiederzukehren“. Alle Monaden sind von Natur aus so unverwüstlich, daß sie ihre Tätigkeit im Moment der Auflösung selbst wieder fortsetzen. Die Menschen sind aber nicht alle in gleicher Weise unsterblich, „um sich künftig als große Entelechie zu manifestieren, muß man auch eine sein. Wer keinen Namen sich erwarb noch edles will, gehört den Elementen an". Die Überzeugung unserer Fortdauer entspringt für Goethe aus dem Begriff der Tätigkeit. Versinken eines tätigen Geistes ins Nichts ist für Goethe unvollziehbar (H. Meyer).

PHILOSOPHIE DER NEUZEIT

Hinter der Philosophie der Neuzeit steht eine Entwicklung, die von der Renaissance ausgeht d.h. die neue Naturwissenschaft führt zur mechanistischen Naturauffassung. Daraus folgt weiter der Rationalismus und der Empirismus, die nur das Denken gelten lassen. Eine Synthese zwischen beiden wird Kant in seinem britischen Idealismus versuchen. Er setzt sich speziell mit dem englischen Empiristen David Hume auseinander. Empirismus (Erfahrungsphilosophie) befaßt sich nur mit der Res extensa (die Körperwelt). Er kommt aus England. Seine bedeutendsten Vertreter sind Hobbes, Locke, Hume und Francis Bacon. Die Wissenschaft ist einem Zweck untergeordnet. Diese Auffassung steht im Gegensatz zu Platon und Aristoteles. Wissenschaft muß zweckfrei sein. Jedoch darf man Wissenschaft ohnehin nicht mit Weisheit gleichsetzen! Unter Empirismus versteht man die Anschauung und die Erfahrung, die man als alleinige Quelle der Erkenntnis gelten läßt. Allgemeinbegriffe und Urteile gelten als bloße Erfahrung. Mit der Erfahrung hebt die Erkenntnis an. Alleinige wissenschaftliche Methode des Empirismus ist die „Induktion", d.h. aus einzelnen Tatsachen werden Gesetze und Schlußfolgerungen abgeleitet. (Gegensatz Deduktion: vom Allgemeinen wird auf das Einzelne geschlossen). Der Begriff „Erfahrung" kommt von etwas durchfahren, durchwandern, erkunden. Es ist an räumlich- zeitliche Bedingungen gebunden, also kommt man durch Erfahrung nicht über die Raum- Zeit- Welt hinaus. Unsere menschliche Erfahrung ist immer sinnlich- geistiger Art und immer nur von Einzeltatsachen möglich. Dagegen spricht in der Metaphysik besonders das Kausalitätsprinzip. Urteile in der Metaphysik werden nicht durch Erfahrung gewonnen, sondern durch Einsicht in das Wesen eines Seienden. Erfahrung dagegen geht von schon vorhandenen Tatsachen aus und kommt daher nur zu Wahrscheinlichkeiten.

Im Empirismus vollzieht sich also ein radikaler Bruch mit der Tradition, die bis einschließlich Leibniz reichte. Nun gibt es in der Philosophie keine Metaphysik, Transzendenz, ewige Wahrheiten , mehr. Es bleibt nur noch der Glaube an diese Dinge, das Wissen davon wurde aufgegeben. So ist die Situation bis heute!
Der oben geschilderte Bruch hängt vor allem mit dem Wandel des Weltbildes zusammen, für den man das Stichwort MECHANISMUS setzen Kann. Dagegen der tiefere Sinn der Metaphysik(hinter der erfahrbaren Welt) ist die Wissenschaft vom SEIN selbst, vom Sein des Seienden und dessen Urheber. In anderer Sicht ist es die Wissenschaft von den letzten Ursachen und vom ersten UNBEWEGTEN BEWEGER. Es ist die große Wissenschaft, die den Gründen des Seins auf die Spur kommen möchte, denn es gibt ein Unerfahrbares, das das Erfahrbare als dessen erster Ursprung übersteigt.

THOMAS HOBBES (1588 – 1679).
Bei ihm gibt es in dieser rein quantitativen, mathematisch erfaßbaren und rational durchschaubaren Welt keine geistigen Strukturen im Sinne des scholastischen Denkens, das

auf einen transzendenten Urheber schließen läßt, d.h. alles funktioniert nur mechanisch. Richtig wäre hinzuzufügen „auch mechanisch". In diese Richtung hatte Leibniz ja die Philosophie geführt. Seiner Lehre nach braucht man zur Erklärung der Natur auch metaphysische Prinzipien und diese sind gegenüber den mechanischen die früheren (der Natur nach). Es gibt nicht nur Teile, sondern auch Ganzheiten und das Ganze ist früher als seine Teile. (nach Aristoteles). Die Monaden sind bei Leibniz nicht nur letzte Teile und Atome, sondern auch Substanz und Ganzheit.
Der Mechanismus bei Hobbes: er unterscheidet sich von den Auffassungen des Galilei und Descartes. Bei diesen war er noch ideell fundiert, bei Hobbes aber naturalistisch. Durch Druck und Stoß wie bei den griechischen Atomisten. Diese setzten Natur mit den Atomen gleich, die im leeren Raum herumgeschleudert werden und sich gegenseitig in Bewegung halten (Demokrit). Darüber hinaus vertrat Hobbes einen reinen Sensualismus: der Mensch kann nur das erkennen, was ihm die Sinne bieten. Das Denken geschieht im Addieren und Subtrahieren von Vorstellungen, das ist etwas spezifisch Körperliches. Geistigkeit als eigenständiges Sein ist ausgeschaltet (Beispiel des Antisthenes bei Platon: „ein Pferd sehe ich wohl, aber keine Pferdheit, darauf Sokrates: das kommt daher, weil Antisthenes nur Augen hat, aber keinen Verstand"). Daraus folgt nur „ich bin ein Denkender", aber nicht, ich bin Geist, Seele, Verstand (also Substanz). Denken ist nämlich nur ein Akt, den auch der Körper vollziehen könne. Dazu sei keine Substanz notwendig. Wenn Denken ein Produkt der Materie ist, dann gibt es keinen wesentlichen, sondern nur mehr einen graduellen Unterschied zwischen Mensch und Tier. Wenn es keinen Geist mehr gibt, ist die Voraussetzung für die Ontologie des Menschen dahin und auch die der Men-

schenwürde.
Der Sensualismus führt Hobbes zum „Nominalismus“. Begriffe sind nur Namen für die in den Sinnesempfindungen gegebenen Erscheinungen, aber keine Erhellung des inneren Wesens der Dinge. Die Namen sind an sich nur willkürlich. Man wählt sie so, daß sie einigermaßen zweckmäßig sind und eine Ordnung darstellen. Die Sätze der Logik sind darum bei Hobbes nicht mehr wert als Papiergeld, das nur deshalb gilt, weil es so festgesetzt worden ist.

Auffassung des Hobbes vom Menschen: Der Mensch ist Körper; Verstand und Vernunft, sind ein Spiel von Sinnesreizen und Reaktionen. Er ist nicht frei. Er ist Gefangener des Mechanismus seiner Sinne (wie das Tier). Zur Moral: Was uns in den Sinnesempfindungen angenehm ist, lehnen wir ab. Nützlichkeit und Egoismus sind die Grundlagen für die sittliche Bewertung. Das wirkt sich auch aus auf die Vorstellungen Hobbes vom Menschen und vom Staat. Im Naturzustand herrscht Krieg aller gegen alle (der Mensch ist des Menschen Wolf), weil der „amor sui“ (Selbstliebe) herrscht.
Religion ist im Empirismus nicht mehr rational begründbar, also geht man zum „reinen Glauben“ über. Hobbes gebraucht zwar aus Tradition die herkömmlichen Worte von der Existenz und Verehrung Gottes, von Frömmigkeit und Glaube, er sagt „wir wollen über die Erschaffung der Welt und des Menschen glauben, was wir im hl. Gesetz von Moses gelernt haben“. Jedoch der Herrscher hat das Recht über Gottes Wort und Gottesdienst zu entscheiden! Frei ist nur der innere Glaube.

JOHN LOCKE (1632 – 1704) gilt als Begründer der Philosophie der Aufklärung. Er bekämpfte die Metaphysik. Unser Bewußtsein war ursprünglich eine „tabula rasa“. Einzige Erkenntnisquelle seien äußere Sinneswahrnehmungen und innere Selbstbeobachtung.

Lockes Ethik: Seine Grundhaltung ist eudaimonistisch (glückstrebend), utilitaristisch (nützlichkeitstrebend), wie sie häufig in der englischen Philosophie vorkommt. Die Dinge sind gut oder übel nur im Hinblick auf Freude und Schmerz. „Wir heißen darum gut, was geeignet ist, uns Lust zu bringen oder zu steigern bzw. Unlust zu vermindern“.

Wichtiger wäre noch Lockes Staatslehre. Er ist der geistige Begründer der konstitutionellen Monarchie, d.h. der liberalen Staatsauffassung und des Prinzips der Gewaltenteilung. Der Staat hat Leben, Freiheit und Eigentum –die drei Grundwerte des Liberalismus- zu schützen. Er hat nicht die Religion zu verteidigen, sondern die Grundrechte der Individuen, die sie nach Hobbes an den Staat abgegeben haben.

DAVID HUME (1711 – 1776). Bei ihm ist der Empirismus wohl auf den Höhepunkt angelangt. Damit verbindet sich die Skepsis: Auflösung des Substanz- und Kausalitätsbegriffs. Das „Ich“ ist nichts objektives, sondern ein subjektives Vorstellungsbündel. Die Sittlichkeit beruht auf dem angeborenen Wohlwollen des Menschen. Sittlich gut ist das wahrhaft Nützliche. Die moralischen werden betont. Die Religion sei aus den Bedürfnissen des Gemütes hervorgegangen. Ihre erste Form sei der Polytheismus (Vielgötterei) gewesen. Hume bricht endgültig mit der abendländischen Metaphysik, die letztlich von Heraklit bis Leibniz gegolten hat - und dem letzten Seinsgrund nachforschte. Er war der Urheber und Feind der Metaphysik. Er ließ auch nur noch die reine Faktizität gelten (reiner Positivismus) d.h. Sinneswahrnehmung, Lust, Nutzen, also nur den Menschen allein und zwar als Wesen der Raum- Zeitlichkeit. Seine Bücher haben die Titel „Enquiry concerning the principles of morals und Enquiry concerning human understanding“. Zur Forderung der Liquidierung der metaphysischen Frage (wichtig für Kant):

1. Vernunftkritik im Sinne einer Grenzziehung für die Reichweite des Erkennens.
2. Abschaffung der alten Metaphysik als einer Mischung von wissenschaftlicher Unmöglichkeit und Aberglauben.
3. Pflege einer „echten“ Metaphysik .Diese wird mehr voluntarisch gesehen. Man arbeitet mit Ratio, mit Begriffen, (aber das Sein der Metaphysik ist verschwunden!)

Diese drei Punkte sind das Erbe, das Kant von Hume übernimmt. Ursprung der Vorstellungen Humes: wie Locke ist er überzeugt, daß es keine angeborenen Ideen gibt. Alle Bewußtseinsinhalte stammen aus der Sinneserfahrung. Hume will die Funktion unserer Bewußtseinsinhalte analog dem Newton`schen Gravitationsgesetz erklären, d.h. der Anziehungskraft der körperlichen Masse entspräche beiden Vorstellungsbewegungen die der psychischen Masse.

„Seele oder Ich“: Ein Bündel wechselnder Gefühle und Vorstellungen. Die Seele ist nur eine Idee der Vernunft (ähnlich wird Kant verfahren). Hume löst das Kausalitätsprinzip in Psychologismus auf. Er stellt folgende Behauptung auf: 1. die Wirkung kann aus der Ursache nicht deduziert werden. 2. In der Erfahrung nehmen wir nie ein Überströmen von Kraft der „Causa efficiens“ (Wirkursache) wahr. Alle Ereignisse der Natur erscheinen unzusammenhängend. Also sind die herkömmlichen Kausalvorstellungen ohne Sinn. Somit gibt es auch keinen Gottesbeweis mehr. Wir können nicht mehr zur Transzendenz vordringen. Lt. „Hirschberger“ stellt Hume alle Philosophie nur noch rein faktisch dar. Er ist der Antipode der Weisheit der Antike und des Mittelalters, die nach dem Seinsollenden fragt und unser Leben aus einer Welt von zeitlosen Wahrheiten heraus gestalten wollte. Man hat die Autokratisierung des Menschen lange als Errungenschaft empfunden. Nach den politischen Geschehnissen erschrickt der Mensch heute über seine Fortschritte. Es war allerdings nicht die deutsche Philosophie die erstmals die Macht zum Prinzip erhob, dem Menschen zum Herren der Welt erklärte und den Grundsatz ausgab: „recht und gut ist, was dem individuellen oder kollektiven Egoismus nützt“. Die Autoren waren vielmehr Machiavelli, Spinoza, Hobbes und Hume.

IMANUEL KANT (1724 – 1804) ein tiefsinniger bzw. größter deutscher Philosoph wie viele behaupten. Seit Kant wird das Bewußtsein nicht mehr auf das SEIN überschritten, sondern an die Stelle des SEIN tritt eben das Bewußtsein. Die Philosophie basiert auf der Subjektivität. Das gemeinsame Kennzeichen der Philosophie der Neuzeit (beginnend mit Descartes) ist das Bemühen, sie zur exakten Wissenschaft zu machen, sie also „more geometric“ zu betreiben. Damit wird sie zur Wissenschaft unter anderen, nicht mehr von umfassendem Charakter, und Antwort gebend auf die Fragen des Lebens. Kant begann vom Allgemeinen abzugehen und positiv zu werden, d.h. der auf das Gegebene, eindeutig Überprüfbare beschränkten Naturwissenschaft. Seither ist die Philosophiegeschichte eine einzige Abfolge solcher Versuche. Kant beschränkte die Philosophie auf das Ausleuchten der Gesetze menschlichen Bewußtseins. Das blieb seither ihr Schicksal. Einen Ausbruch aus diesen Grenzen versuchten die deutschen Idealisten. Ihr Standpunkt war die absolute Vernunft, ihr Bemühen, die Vernunft des SEINS im Ganzen zu umgreifen (Hegel). Dieser Versuch schlug bei Feuerbach und Marx ins Gegenteil um d. h. zur Absolutsetzung der Materie. Nun ist keine bleibende Wahrheit mehr möglich, weil eben nicht im SEIN begründet. Wahrheit ist nun die Veränderung. Der Mensch hat die Aufgabe, in den Veränderungsprozeß einzugreifen und selbst Wahrheit zu schaffen. Philosophie wird jetzt Theorie und Praxis zugleich. Marx: „es gilt die Welt zu verändern“

Auf dem Wege Kants war aber auch 150 Jahre nach Erscheinen der „Kritik der reinen Vernunft“ die Philosophie noch immer nicht zur exakten Wissenschaft geworden, sondern fand sich zerrissener und hilfloser den je. Wittgenstein wollte die Wissenschaft ganz exakt machen, indem er auf die unbeantwortbare Frage nach der Wirklichkeit verzichtete und sich auf die Analyse der menschlichen Sprache beschränkte. Dieser Positivismus ist als exakte wissenschaftliche Methode zur Bewältigung der Probleme zwar notwendig, aber für die sich weiterentwickelnde Menschheit als Weltanschauung unerträglich. Menschliches Denken verläuft in mehreren Spuren. Die Philosophie muß ihren Ehrgeiz auf dieselbe Weise exakt zu sein wie Chemie und Physik aufgeben. Ihre Aufgabe liegt anderswo, denn der Mensch muß sein Leben mit Sinn erfüllen. Die Werke eines Platon, Augustinus,Thomas v.A., Pascal und Hegel sind heute genauso aktuell wie zur Zeit ihres Endstehens. Während die Werke der Initiatoren der Naturwissenschaft

Vorgeschichte sind.
Die geistige Landschaft, in die Kant eintrat, war durch den Empirismus Locke`s und Hume`s Psychologismus geprägt. Die Lösung des Thomas v. A. wahr ihm jedoch unbekannt. Dieser hatte unter Verwertung der Gedanken des Aristoteles und Augustinus eine organische Synthese des Verständnisses der menschlichen Erkenntnis geschaffen, indem er die sinnlichen und intellektuellen Kräfte in ein ausgewogenes Verhältnis brachte. Erkennen heißt immer angleichen, in sich aufnehmen. Diese sinnlich – rationale Synthese spezifisch menschlicher Erkenntnis ermöglichte es Thomas über das Sinnliche hinaus und doch durch dessen Vermittlung, zum übersinnlichen vorzudringen. Diese Synthese des Thomas also war Kant fremd. Er stand zunächst unter dem Einfluß des Rationalismus (Descartes, Leibniz, Christian Wullf). Kant übernimmt das Weltbild des Mechanismus (wie Galilei und noch mehr Newton). Er philosophiert also unter der Voraussetzung einer mathematisch bestimmten Welt. Er hat in seiner Philosophie aber auch den Menschen einbezogen. Er stellt eine Schwäche des Erkenntnisvermögens des Menschen fest. Wir vermögen zwar die materielle Welt und ihre Kraft zu erfahren, aber niemals ihre Möglichkeit zu begreifen. Der Grund für diese Schwäche liegt im Gegensatz von Materie und Geist, der durch den Menschen hindurchgeht. Die Frage ist also: Ist Metaphysik als Wissenschaft überhaupt möglich? Kant verneint dies (aber als Postulat der Ethik ist sie möglich!).

Sein Hauptanliegen war die Ethik und die darauf aufgebaute Metaphysik. Vornehmste Aufgabe des Menschen ist es ja zu wissen wie er seine Stellung in der Schöpfung gehörig erfülle, was man sein müsse, um Mensch zu sein. Daher

seine berühmten 4 Fragen, was kann ich wissen?, was soll ich tun?, was darf ich hoffen?, was ist der Mensch? Letztere ist die wichtigste Frage. Erkenntniskritik ist nur die Vorbereitung. Die Grundfrage, die gelöst werden soll, ist die Möglichkeit der Metaphysik. Die Lösung kann nur durch kritische Untersuchung des Erkenntnisvermögens erfolgen. Dies geschah in der „Kritik der reinen Vernunft" von 1781. Reine Vernunft heißt hier unabhängig von jeder sinnlichen Erfahrung.
Einteilung von Kants Werken ist die vorkritische und kritische Periode. Die Wende war 1769/70. Seine vorkritische Philosophie partizipiert an Leibniz und Wolff, Philosophie der Aufklärung, sowie der irrationalen Gefühlssphäre von Rousseau. In dieser Periode wird Metaphysik wie bei Leibniz und Wolff für möglich gehalten, z.B. brachte er 1755 den teleologischen (zielgerichteten) Gottesbeweis: auch der Kausalbegriff war ihm noch nicht zweifelhaft und deshalb auch nicht die darauf aufbauende Metaphysik. Den Schritt von der Sinnlichkeit zur Transzendenz hält er noch für möglich. „Man wird jederzeit auf einen unbegreiflich großen Urheber desjenigen Ganzen, das sich unseren Sinnen darbietet, schließen können". Wesentliches Vorbild dieser Periode war Rousseau, Kant schreibt: „Die Vorsehung hat nicht gewollt, daß wir die zu unserer Glückseligkeit nötigen Einsichten mit spitzfindigen Vernunftschlüssen erlangen, sondern sie dem natürlichen Verstand überliefern, der ......uns zum Wahren und Nützlichen führt". Eine Art Instinkt des Guten verleiht dem Menschen nach Rousseau absolute Sicherheit, daß es einen Gott gibt, daß der Mensch frei und die menschliche Seele unsterblich ist. Gerade das wird bei Kant Gegenstand der praktischen Philosophie sein! Kant sagt Rousseau habe ihn „zurecht ge-

bracht“. Hierher gehört auch die Überzeugung, daß der Wert des Menschen nicht im Wissen, sondern im Handeln besteht.

Zeitlebens vertrat Kant einen Vorrang der praktischen Vernunft vor der theoretischen. Wir haben ein Wollen, aus dem ein Handeln folgt – das ist das Objekt der „Kritik der praktischen Vernunft“, des ethischen Hauptwerkes von Kant. Schließlich behandelt die „Kritik der Urteilskraft“ die Grundfragen des menschlichen Gefühlslebens. Sie beinhaltet auch Kant`s Ästhetik. Kant teilt die Seelenvermögen in Erkennen, Begehren und Fühlen ein. Dies schlägt sich in seinen 3 Kritiken nieder. Von besonderer Bedeutung die „Kritik der reinen Vernunft“ (2. Auflage von 1787). Einleitend verwendet er bereits den Begriff „a priori“ (von früher). Die Vernunft bildet die Ideen, doch diese können nicht aus der Erfahrung heraus mit Inhalt erfüllt werden, daher kommt ihnen keine Wirklichkeit zu. „A priori“ bei Kant= alle Erkenntnis, deren Gültigkeit logisch, von der Erfahrung aber unabhängig ist. Kant gebraucht für diesen erweiterten Begriff des „a priori“ den Ausdruck transzendental (im Gegenteil zu transzendent, die erfahrbare Welt überschreitend). Kant kommt es nun darauf an, das apriorische Element besonders herauszuarbeiten. Er gebraucht für diese Elemente, die unsere Erkenntnis von sich aus hergibt, den Begriff „Form“. Diese apriorischen Formen, die aller Erkenntnis zugrunde liegen, bilden die „Transzendentalphilosophie“ (nicht Transzendenzphilosophie = Metaphisik). Nicht nur unser Verstand entsteht durch diese Formen, sondern die ganze Welt – weil, was wir als Welt erkennen, von diesen Formen „a priori“ bestimmt wird. In den apriorischen Formen hat Kant etwas gefunden, das notwendig ist und daher über den Zufälligkeiten des Empirischen steht. Den Formen liegt der „Stoff“ zugrunde. Der Stoff ist das manigfaltige der Sinnlichkeit, das Chaos der Empfindungen. Dieser Stoff sinnlicher Eindrücke muß erst durch die apriorische Form verarbeitet und geordnet werden. Schließlich teilt Kant den Empirismus den Stoff zu, dem Rationalismus aber die Form. Ohne den durch die Sinne einströmenden Stoff gäbe es kein Erkennen. Im Apriorismus der Form sah Kant das Umwälzende seiner Philosophie, seine „Kopernikanische Wende“ wie er sagt.

Bisher versuchte man aus den Gegenständen Begriffe, Wahrheiten herauszuschälen, um unsere Erkenntnis zu erweitern, aber das schlug fehl. Er sagte sich, „man versuche es einmal, ob wir nicht in den Aufgaben der Metaphysik damit weiterkommen, indem wir annehmen, die Gegenstände müssen sich nach unserer Erkenntnis richten“ (Vergleich mit Kopernikus, der nicht weiterkommt, indem er die Sterne sich um die Zuschauer drehen läßt und es deshalb umgekehrt versucht. Kant will nun ebenso vorgehen.). Kant weiter: „wenn die Anschauung sich nach der Beschaffenheit der Dinge richten müsse, so könnte man „a priori“ nichts von ihnen wissen. Richtet sich aber der Gegenstand nach der Beschaffenheit unseres Anschauungsvermögens a priori, so kann ich mir diese Möglichkeit sehr wohl vorstellen“. Soll heißen, wir müssen den Gegenstand erst durch die Fähigkeit unseres Geistes in „Form“ bringen. Damit glaubt Kant, den Forderungen des Empirismus nachgekommen zu sein und gegen den Skeptizismus, der bei Locke und Hume einsetzte, doch wieder die streng notwendige, allgemein gültige Wissenschaft aufgebaut zu haben.

In „Kritik der reinen Vernunft“ geht es um transzendentale Untersuchung unserer Erkenntnisfähigkeit: Raum und Zeit sind Vorstellungen, die wir immer haben müssen. Seiendes und Welt können wir ohne sie nicht anschauen. Was wir aber immer haben müssen, ist notwendig, ist „a priori“. Raum und Zeit sind also notwendige Bedingungen aller Erscheinungen. Alle Raumanschauungen werden zeitlich angeschaut, aber nicht umgekehrt. Die Zeit bildet die Anschauungsform aller Erscheinungen. Sie ist für Kant das Tiefere. Die Bewandtnis der Gegenstände an sich bleibt uns völlig unbekannt. Kant hat mit seiner Anschaungslehre den Erfahrungen der Naturwissenschaft der Neuzeit eine entsprechende Ontologie gegeben, indem er die Aussage Galileis, daß nur das Wie-Sein der Gegenstände, nicht das Was-Sein erkannt werden könne, d.h., er hat sie in eine transzendentale Sprache gefaßt.
Die Grenzziehung der Verstandeserkenntnis, die Kant vorgenommen hat, wandelte die Metaphysik von einer Wissenschaft über die Gegenstände der Vernunft zu einer Wissenschaft von den Grenzen der Vernunft. Nicht nur muß jeder Begriff aus der Erfahrung stammen, er gilt auch nur für den Bereich der Erfahrung. Weitere Aussagen Kants: „Das Vermögen, den Gegenstand sinnlicher Anschauung zu denken, ist der Verstand. Ohne Sinnlichkeit würde uns kein Gegenstand gegeben und ohne Verstand keiner gedacht werden. Wichtig: Gedanken ohne Inhalt sind leer, Anschauung ohne Begriffe sind blind“. Verstandeserkenntnis ist also nur möglich in der Vereinigung mit der sinnlichen Erkenntnis. Nochmals: das „Ich denke“ ist der Verstand selbst, aus ihm wird alles abgeleitet. Ich bin es,

der sowohl denkt, als auch ein Objekt erfaßt. Verstand ist ja das Vermögen des Erkennens. Erkennen heißt, Vorstellungen in Hinblick auf ein Objekt bilden. Vorstellungen sinnvoll bilden setzt aber voraus, daß es eine höchste Einheit des Bewußtseins gibt, das „Ich denke" (Hirschberg). Das „Ich denke" muß alle meine rationalen Erkenntnisse begleiten, sonst wäre es nicht mehr ich, der sie vollzieht.
Denken ist bei Kant nicht Reproduktion, sondern Produktion der Wirklichkeit durch, Ordnen, Formen, gestalten eines vorgegebenen Stoffes von Empfindungen. Mit anderen Worten: Die Objektivität beruht bei Kant auf der von ihm angenommenen Gesetzmäßigkeit der subjektiven Denkformen. Gegenstände werden von ihm nicht mehr vorgefunden, sondern vom Subjekt gesetzt d.h. ich lege den Gegenstand die Gesetze hinein, so daß er erkennbar wird. Bezeichnend die Definition „Objekt ist das, in dessen Begriff das Mannigfaltige einer gegebenen Anschauung vereinigt ist". Gegenstände sind deshalb nicht mehr eine transzendente Größe, sondern nur eine transzendentale d.h. von mir selbst gesetzt. Der Verstand allein schreibt mit seinen Grundfunktionen die Gesetze der Natur vor und macht so Natur erst möglich.
Erkennen ist bei Kant nicht Abbilden der vorgegebenen Wirklichkeit, nicht ein Angleichen an sie, nicht ein Herausheben eines Ideengehalts aus den Dingen. Es ist wie vorher schon erwähnt vielmehr Ordnen, Formen, Gestalten eines vorgegebenen Stoffes der Empfindungen und Modifikationen unseres empirischen Bewußtseins. Gegenstand der Erkenntnis ist nicht das an sich Seiende, sondern es sind die durch unsere synthetische Formung erzeugten Gebilde selbst. Wir erkennen also die Dinge nicht wie sie an sich sind. Sie sind niemals Gegenstand der Erkenntnis,

sondern die „von uns“ aus den Empfindungen und sinnlich –anschaulich –intellektuellen Formungen aufgebaute Welt. Goethes skeptische Einstellung zu dieser Philosophie, über die Schopenhauer berichtet: „dieser Goethe war ganz und gar Realist, so daß es ihm nicht in den Sinn wollte, daß die Objekte nur als solche da seien, wenn sie von dem erkennenden Subjekt vorgestellt werden“ und seine Äußerung: „das Licht sollte nur da sein, nur wenn Sie es sähen? Nein! Sie wären nicht da, wenn das Licht S i e nicht sähe!“

Nochmals kurz zur Vernunfterkenntnis. Warum wendet sich Kant so scharf gegen Vernunfterkenntnisse? Erkennen ist für ihn nur „Anschauen und Denken“. Vernunft aber steht über den denkenden Verstand. Für die Vernunfttätigkeit gibt es also nichts mehr zum Anschauen. Das kann nur der Verstand, indem er die Sinnesanschauungen unter Regeln bringt. Die Vernunft hat eine andere Aufgabe: Sie regelt die Verstandestätigkeit. Sie selbst hat aber keine materiellen Gegenstände mehr. Noch weniger als der Verstand darf sie transzendent gebraucht werden. Die Verwechslung von Verstandes- und Vernunftbegriffen nennt Kant einen „dialektischen Schein und diesen Schein gilt es zu zerstören.“ Es ist das wohl der berühmteste Teil der „Kritik der reinen Vernunft“. Seine Angriffe auf die bisherigen Angriffe von Seele, Welt und Gott mußten auch weitere Kreise sofort als neu und umwälzend verstehen. Kant trägt diese Angriffe vor in den „Paralogismen der reinen Vernunft“. Paralogismen sind Fehlschlüsse. Indem Kant einen solchen Paralogismus nachweist, auf dem angeblich die ganze rationale Psychologie beruhe, will er die rationale bzw. metaphysische Psychologie erschüttern. Dies baut sich nach Kant auf dem Satz: „ich denke“ auf. Das „ich denke“ ist aber keine Erfahrung, sondern die Möglichkeit aller Erfahrungen. Dadurch wird alles in das Bewußtsein aufgenommen, auf das reine Selbstbewußtsein bezogen.

Zur Kosmologie (ist Naturphilosophie): Sie ist der Teil der Philosophie, der die belebte und unbelebte Natur zum Gegenstand hat. Ihre Aufgabe ist es, zu letztmöglichen Erkenntnissen über die Natur vorzudringen. Nach Kant kann die sichtbare Welt gänzlich als Gegenstand unserer Erfahrung sein. Er geht aber zu weit, wenn er die Erscheinungen zur bloßen Vorstellung macht, statt sie als Widerspiegelung von Dingen an sich zu betrachten. Dann wäre eine Kausalität durch Freiheit und ein notwendiges Wesen nicht unmöglich, sondern eine Forderung der Vernunft. Nach Kant beruht die Gültigkeit apriorischer Erkenntnisse darauf, daß durch sie Erfahrung ermöglicht wird d.h. apriorische Erkenntnisse bleiben auf dem Bereich möglicher Erfahrung beschränkt. Den letzten Teil der KrV bildet „das Ideal der reinen Vernunft“. Unter diesen Titel stellt Kant seine Kritik der rationalistischen, philosophischen Gotteslehre, wie sie ihm vorlag. Für ihn gibt es 3 Wege möglicher Beweisarten vom Dasein Gottes:

1) Man geht von einer bestimmten Erfahrung, einer besonderen Beschaffenheit der Ordnung der Sinnenwelt aus= teleologischer Gottesbeweis.
2) Man geht von einer unbestimmten Erfahrung, irgendeinem Dasein aus = kosmologischer Gottesbeweis.
3) Oder man schließt, von aller Erfahrung absehend, „gänzlich a priori aus bloßen Begriffen“ auf ein vollkommenes Wesen = ontologischer Gottesbeweis.

Die ersten beiden Wege setzen nach Kant den dritten voraus. Deshalb beginnt er mit dem „Ontologischen Argument". Der Name stammt von Kant selbst. Er bezeichnet damit den Beweis der Existenz Gottes aus dem Begriff des allerrealsten Wesens (wie ihn Descartes und Leibniz auch schon verwendet haben). Zum Begriff des allerrealsten Wesens gehört aber auch die Existenz. Also kann man das Dasein dieses Wesens nicht leugnen, ohne auch seinen Begriff, seine inneren Möglichkeiten zu leugnen. Kant sagt also, das ontologische Argument schließt aus dem Begriff Gottes auf seine Existenz. Das klassische Argument bis Leibniz schloß aber nicht aus dem Begriff oder einer Vorstellung Gottes auf seine Existenz, sondern Gott war hier Grund, Idee im platonischen Sinn, das „ontos on", das Sein des Seienden.

Kants Kritik am kosmologischen Gottesbeweis: Er schließt vom unbedingt notwendigen Dasein auf die unbegrenzte (gegenständliche) Realität und er sagt: „wenn irgend etwas existiert, so existiert ein unbedingt notwendiges Wesen d.h. ich existiere, ergo existiert ein unbedingt notwendiges Wesen". Damit aber ein Gottesbeweis zustande kommt, muß man weiterhin annehmen, daß es ein notwendiges Wesen einzig unter dem Begriff des allerersten gedacht werden könne, denn nur so ist es möglich göttliche Eigenschaft auszusagen. Schon der erste Schritt des Beweises geht fehl, nämlich der Schluß von der bedingten Existenz auf eine unbedingt existierende Erstursache. Das Kausalverhältnis kann nach ihm nur durch die Erfahrung gegenständlich werden. Eine Erstursache, ein unbedingt notwendiges Wesen transzendiert jedoch alle Erfahrung und ihre Unbedingtheit widerspricht dem notwendigen Erfahrungszusammenhang. Man kann also nur mehr postulieren: Ein

Bedingtes setzt ein Unbedingtes voraus. Das ist nach Kant eine Vernunftidee (er kommt ja vom reinen Begriffsdenken her) und nicht die eigentliche Erstursache, die nur transzendent und nicht transzendental sein kann.

Zur Erinnerung: Die klassische Metaphysik war Wirklichkeitslehre, sah, daß es ein Sein des Seienden gibt, das mehr ist als nur das Einzel – Seiende selbst. Die alte Metaphysik sah, daß dieses Sein alles gründet, in allem west, weil alles daran partizipiert. Trotz seiner Transzendenz ist es daher auch immanent (dieses Letzte war bei Platon die „Idee des Guten"). Sie ist der In begriff alles Seienden, eine die Welt durchwaltende Vernunft, das Sein selbst, an dem alles Seiende teilhat. Diese Teilhabe an der Idee, vor allem am Logos, ist konstitutiv für das Wesen der Dinge. Die Idee geht also dem Sein der Dinge voraus. Sie ist ihr paradigma, ewiges Urbild (dagegen folgt der Begriff dem Sein der Dinge und bildet deren Wesen nach). Bei Aristoteles sind alle natürlichen Dinge in dem Sinne bewegt, daß sie ihren Stoff in die Form drängen, in der sie sich dem Anblick (eidos) frei geben. Das, was den jeweiligen Stoff in die ihm gemäße Form hineintreibt, ist die Entelecheia (Zielgerichtetheit), d.h. die Materie sehnt sich nach Vollendung durch die Form – letztlich nach der höchsten Form , dem „actus purus". Diese Sehnsucht ist die innerste Triebkraft allen Werdens. Dieses letzte Ziel, als das höchste Gut, zieht alles an sich. Das höchste Sein ist darum für Aristoteles zugleich der höchste Wert. Er setzt alle Dinge in Bewegung wie das „Geliebte das Liebende".
Diese Idee greift Dante in der „Divina Commedia" auf. So z.B. im Glaubensbekenntnis: „Ich glaube an Gott, den ewig Einen, der kreisen läßt das All, selbst unbewegt, durch sei-

ne Liebe Kraft“. Oder am Schluß: Der Aufwärtsdrang reißt Dante „ins gleichgeschwungene Rad der großen Liebe, die da bewegt die Sonne und die anderen Sterne“.

Die E t h i k Kants: Aufgabe der Ethik ist es durch philosophische Reflexion das Wesen des Sittlichen von seinem Ursprung her zu ergründen und daraus die sittlichen Normen für die Einzelbereiche des menschlichen Handelns zu verdeutlichen. Was ist Sitte? Ein Urphenomen des menschlichen Selbstverständnisses. Jeder weiß mit Gewißheit um den Unterschied von guten und bösen Handlungen. Dieses Phänomen zum Gegenstand wissenschaftlicher Reflexion zu machen, ist die Aufgabe der Ethik. Dazu ist Besinnung auf das Wesen des Menschen nötig. Jeder erfährt sich in seinem gesamten Selbstvollzug als ein Wissender und Wollender, selbstbewußt und über sich selbst verfügend. Ohne Freiheit gäbe es ja kein sittliches Handeln. Das Streben des Menschen geht von Natur aus auf ein „Gut“. Bei Platon ist dies das Göttliche, und durch die Tugenden Besonnenheit, Tapferkeit, Weisheit und Gerechtigkeit wird es erreicht. Dazu noch Platon im Phaidros: die Seele , ursprünglich im göttlichen Zustand, braucht keine Ethik. Weil aber der geistige Seelenteil die niederziehende Kräfte nicht zügeln kann und diese den irdischen Begierden folgen, bedarf sie wegen des Handelns doch der Ethik (Beispiel des Pferdegespanns; ein Pferd zieht nach oben, das andere nach unten, der Lenker gerät ins Stürzen). Nach Aristoteles steht die Praxis des Menschen im Zusammenhang mit den kosmischen Bewegungen und dem Göttlichen. Die Praxis ist Bewegung, ihr Ziel das Gute. Diese Art der Bewegung heißt „Streben“. Das Ziel des Strebens entspringt aber nicht einer Willenssetzung, sondern liegt in

der Natur des Strebens selbst. In der „nikomachischen Ethik“ ist das Gute das Ziel, zu dem alles strebt. Endziel ist das höchste Gut und dieses ist nach Aristoteles die „Eudaimonie“, die höchste Glückseligkeit. Dazu gehören auch irdische Güter, wie die Freundschaft, das höchste Gut aber ist die Erkenntnis Gottes.
Nach Thomas von Aquin wird die sittliche Güte oder Schlechtigkeit einer Tat bestimmt durch ihren Gegenstand und durch die Absicht, in der sie ausgeführt wird. Vom Gegenstand her ist eine Tat gut oder böse, je nachdem sie mit der von Gott gesetzte Ordnung übereinstimmt oder nicht (dies festzustellen ist Sache der Vernunft). Damit aber eine Tat sittlich gut ist, muß zur Übereinstimmung mit der göttlichen Ordnung, die Absicht hinzukommen. Eine vom guten Gegenstand her gute Handlung kann schlecht werden durch die dahinter stehende Absicht, z.B. Almosen geben aus Eitelkeit.
Die Sittlichkeit wurde von Kant gesehen in der Ordnung der Natur oder Ordnung der Gemeinschaft. Die Norm für das sittliche Handeln ist die „norma proxima“, die nächstliegende Norm, in der „natura rationalis humana“. Geist und Rationalität müssen den Primat haben im gesamten menschlichen und gesellschaftlichen Leben. Das heißt aber, daß sich der Mensch nicht völlig dem Materiellen unterordnen darf. Die Ordnung der Gemeinschaft bestimmte eigentlich was recht ist, doch konnte sie das eben nur, weil sie religiös gebunden war (im Gegensatz zur heutigen pluralistischen und laizistischen Gesellschaft).

Nach Kant: Wer von Gefühlen der Sympathie und Antipathie, von herrschenden Gewohnheiten bestimmt wird, wer zu vorgegebenen Zielen stets die besten Mittel sucht, wer

mit belohnender oder bestrafender Gerechtigkeit im Diesseits oder Jenseits rechnet, handle im strengen Sinn n i c h t sittlich, sondern allein derjenige der Verbindlichkeiten-Maximen – folgt, die sich der „praktischen Vernunft“ verdanken.
Die theoretische Erkenntnis will erkennen, was ist, die praktische Erkenntnis will zeigen, was sein soll (und das ist entscheidend für Kants Ethik). Kant hat jedoch die Schwierigkeit, daß er aus dem, was ist, nicht ableiten kann, was sein soll, denn er hat sich durch seine KrV den Zugang zum Sein verbaut. Die Unbedingtheit des Sittlichen zu begründen ist das Ziel der Pflichtethik Kants. Doch ist sie kein theoretisches, metaphysisches Fundament, weil für ihn Metaphysik als Wissenschaft unmöglich ist. Sie begründet sich vielmehr durch die unmittelbare Gewißheit des „kategorischen Imperativs“ (aus reiner Vernunft). Kant hat sein System in der Auseinandersetzung mit Rationalismus und Empirismus entworfen. Vor allem in der Ethik handelt es sich um Abwehr und Ablehnung der Nützlichkeitsmoral des englischen Empirismus, z.B. vor allem in „Moral Sentiments“ von Adam Smith.

Die Ethik war Kants Hauptanliegen. Das zeigt sich schon in seiner Einstellung zum Menschen: „Es ist die vornehmste Aufgabe des Menschen, zu wissen, wie er seine Stellung in der Schöpfung gehörig erfülle und recht verstehe, was man sein müsse, um Mensch zu sein“.
Kant stellt der Philosophie 4 Fragen: was kann ich wissen? was soll ich tun? Was darf ich hoffen? Was ist der Mensch? Diese letzte Frage ist ihm am wichtigsten. Erkenntniskritik war für ihn nur Vorarbeit. Es sollte der Weg freigemacht werden zur Metaphysik, zum intelligiblen

Charakter des Menschen.
Wir erinnern uns: Kants erster Schritt bei der Untersuchung des menschlichen Denk – und Erkenntnisvermögens war die transzendentale Ästhetik (zunächst ist nur das „Gewühl der Sinnesempfindungen" gegeben). Sein zweiter Schritt ist die transzendentale Analytik = Zergliederung des Verstandesvermögens. Wahre Erkenntnis vollzieht erst der Verstand. Den Stoff zur Erkenntnis liefert die Anschauung, die Form der Erkenntnis liefern die Kategorien (=Bedingungen des Denkens bzw. Funktionen durch welche die Anschauungen in ihrer Vielfalt vereinheitlicht werden). Sein dritter Schritt ist die transzendentale Dialektik (= die kritische Untersuchung der Möglichkeit zur Metaphysik). Die Metaphysik hat es mit reinen Vernunftbegriffen zu tun (nach Kant), diese sind aber in keiner möglichen Erfahrung gegeben. Die Vernunftideen brauchen wir nicht, um Naturwissenschaften zu betreiben, sondern um ü b e r die Natur hinaus zu kommen (sagt Kant). Er war ja kein Atheist, sondern wollte wirklich über die Natur hinaus kommen. Mit der bisherigen Metaphysik könne man das angeblich nicht.

Ausgangspunkt der „Kritik der praktischen Vernunft" (KpV) ist die Tatsache des Sittengesetzes. „Wir finden uns durch das moralische Gesetz beansprucht und werden damit eines Punktes inne, von dem aus wir ins Übersinnliche zwar nicht hinein schauen, wohl aber hineindenken und uns gegen alle Skepsis sichern können. Nur für ein moralisch beanspruchtes Denken gibt es Wirklichkeiten, die alles welthaft Wirkliche um ein Unendliches übersteigen, z.B. die Freiheit: für die theoretische Erkenntnis eine Fiktion; auf dem Boden der praktischen Erkenntnis Voraussetzung für den Sinn des Sittengesetzes. Das Sittengesetz gibt den Erkenntnisgrund für die Freiheit ab: ICH KANN, DENN ICH SOLL. Das Sittengesetz fordert verantwortliches Handeln. Das geht aber immer schon über dieses Leben hinaus, es ist letztlich Verantwortung vor Gott. Das sagt Kant natürlich nicht, aber zu diesem Schluß muß man kommen. So ist mit dieser Idee der Freiheit die Idee Gottes und der Unsterblichkeit zurückgewonnen; nicht aber als sicherer Besitz für den begreifenden Verstand, sondern als Gegengehalt unserer moralischen Gesinnung.

In Kants Ethik geht es um den Menschen und seinen Willen. Seine Grundfrage ist ja „was ist der Mensch ?“ Das Problem reißt er in dem Satz auf: „Wenn es irgend eine Wissenschaft gibt, deren der Mensch bedarf, so ist es die, so ihn lehrt, die Stelle geziemend zu erfüllen, welche ihm in der ganzen Schöpfung angewiesen ist und aus der er lernen kann, was man sein muß, um ein Mensch zu sein“. Kant will die Allgemeingültigkeit und Notwendigkeit des Sittlichen aufweisen, tut sich aber schwer damit, weil aus Erscheinungen und Fakten keine Allgemeingültigkeit erwiesen werden kann. Allgemeine sittliche Begriffe müssen aus der Vernunft „a priori“ entstammen, dürfen nicht aus der Erfahrung gewonnen sein. Würde man sie aus der Empirie begründen, wäre da Relativismus.
Mit der Abwehr des Empirismus lehnt Kant auch den Hedonismus (Lustprinzip) ab. Auch Eudaimonie (Glückseligkeit) ist für Kant nicht Grundlage des sittlichen Handelns oder Sinn des Lebens. Diese könnte man nämlich mit Instinkt leichter erreichen als mit Vernunft.
Sein Schluß: Wir sind nicht dazu da, um glücklich zu werden, sondern um unsere Pflicht zu tun.

Die Beantwortung der Frage nach dem Menschen sucht Kant allein „im“ Menschen. Antworten von außen zählen nicht, weder von unten (biologische Anthropologie), noch von rückwärts (evolutionistische Anthropologie), noch von oben (religiöse Mythenerzählung). Der Mensch darf die Antwort nur in seiner Vernunft und durch seine Vernunft suchen, letztlich in der sittlichen Einsicht.
Verhältnis von Ethik und Recht bei Kant: Hier arbeitet er mit dem Begriff Autonomie (=sich selbst Gesetz sein). Was den Bürger auszeichnet ist das Stimmrecht oder die Mitgesetzgebung im Sinne einer allgemeinen Verfassung. Wichtig ist dabei die „äußere Freiheit“, Übergang aus dem Zustand der wilden Freiheit in den rechtlichen Zustand. Freiheit als Unabhängigkeit muß mit der Freiheit eines jeden anderen zusammen bestehen können, gemäß allgemeinen Gesetz. Äußere Freiheit: Befugnis , keinem äußeren Gesetz zu gehorchen, als jenem, zu dem der Bürger selbst seine Zustimmung gegeben hat. Daher ist der Bürger autonom. Er gibt das Gesetz mit und steht unter dem Gesetz.
Was ist der Zweck des Menschen selbst? Glückseligkeit und Wohlbefinden sind dem Menschen nicht unmittelbar erreichbar. Wenn er also darin seine ausschließliche Selbstbestimmung sehen will, wäre es Selbstverlust. Auch die Kultur macht den Menschen nicht eigentlich gut. Die Frage nach dem Zweck der Natur einschließlich des Menschen kann positiv nur beantwortet werden durch ein Sein, das den Sinn des Daseins in sich selbst hat. Kant fragt aber nicht nach einem solchen Sein, er hat sich ja in KdV dem Sein verschlossen.

Grunderfahrung des moralischen Gebotes: Du sollst –

sollst nicht! Daraus folgt die Erfahrung der Pflicht. Was ist Pflicht? Die Notwendigkeit einer Handlung aus Achtung vor dem Gesetz. Das moralische Bewußtsein ist ein Faktum der Vernunft, nicht des Gefühls. Es ist das „einzige" Faktum der Vernunft und enthält die Forderung unbedingten Gutseins. Dieses Faktum ist unableitbar. Ich kann seinen Anspruch abweisen, aber ich kann es nicht umstoßen. Trotzdem kann ich diesen Anspruch nicht beweisen. Aber auch wenn dem Anspruch entsprochen wird, bleibt er weiter bestehen, fordert mich immer wieder neu.

PRAKTISCHE GRUNDSÄTZE

1. Allgemeine s u b j e k t i v e Regeln des Willens = Maximen, die ich mir selbst setze.
2. O b j e k t i v e Gesetze: Sie gelten für den Willen jedes vernünftigen Wesens; sie haben den Charakter von Imperativen = Vernunftgeboten, Formeln des Gebotes. Sie sind notwendig, weil der Mensch nicht nur vernünftig handelt, sondern auch sinnlich beeinflußt ist.

Sittlich ist eine Handlung nur aufgrund der inneren moralischen Gesinnung, und diese kann nur gegründet werden durch Ausschaltung der immer vorgängigen natürlichen Neigungen und Absichten (also keine Affekte – wie in der Stoa).

DAS FAKTUM DES SITTLICHEN

Das Faktum des Sittlichen ist grundlegend für die Ethik Kants. Es besteht in zwei Elementen, a) im Sollen, b) in der Freiheit.

Zu a) Mit seiner Beschreibung des Sollens setzt er den Naturalismus ins Unrecht. Schon in der KrV heißt es: „Das Sollen drückt eine Art von Notwendigkeit und Verknüpfung mit Gründen aus, die in der ganzen Natur sonst nicht vorkommt. Der Verstand kann von dieser nur erkennen, was da ist , oder gewesen ist, oder sein wird". In der Natur hat das Sollen keine Bedeutung. „Wir können gar nicht fragen, was in der Natur......Es mögen noch so viele Naturgründe sein, die mich zum Wollen antreiben, noch so viele Anreize, so können sie nicht das SOLLEN hervorbringen, sondern nur ein noch lange nicht notwendiges, sondern jederzeit bedingtes Wollen, dem dagegen das Sollen, das die Vernunft anspricht, Maß und Ziel , ja Verbot und Ansehen entgegensetzt". Die Vernunft folgt nicht der empirischen Ordnung, so wie sie in der Welt der Erscheinung gegeben ist, sondern „macht sich mit völliger Spontaneität eine eigene Ordnung nach Ideen, in die sie empirischen Bedingungen hineinpaßt und nach denen sie sogar Handlungen für notwendig erklärt, die noch nicht geschehen sind und vielleicht nicht geschehen werden....." Das Faktum des Sollens war es, was der kantischen Ethik als Grundlage und Ausgangspunkt diente. Kant erklärte in der „Metaphysik der Sitten", daß er eine reine Moralphilosophie geben wolle, die von allem, was nur empirisch sei und als solches zur Anthropologie gehöre, gesäubert sei. Grund dafür, daß so etwas möglich ist: Die Idee der „Pflicht" und der „sittlichen Gesetze"!

Für Kant ist ganz klar, daß ein moralisches Gesetz von absoluter Notwendigkeit sei, und daß deshalb der Grund für die Verbindlichkeit nicht in der Natur des Menschen oder in den Umständen der Welt liegt, sondern in den Begriffen der reinen Vernunft (a priori) gesucht werden müsse. Auch in der KpV (schon zu Beginn) wird die Feststellung gemacht, daß es Gesetze gibt, die für jedes vernünftiges Wesen gültig sind.

Zu b) Freiheit: Wie das Sollen ist für Kant auch die Freiheit als sittliche Wahlfreiheit ein Faktum der praktischen Vernunft. Die Freiheit und das unbedingte Gesetz des Sollens weisen aufeinander zurück. Auch der Freiheit eignet der Charakter der Unbedingtheit: nicht erst aus der Welt der empirischen Erfahrung und der raum - zeitlichen Faktizität erkennen wir die Freiheit, ja dort könnte sie überhaupt nicht vorgefunden werden, dort gilt nämlich die Kausaldetermination. Ergo: Sittliche Freiheit ist nicht „Erscheinung", sondern ein apriorisches Faktum der Vernunft selbst. Es steht der raum- zeitlichen Wirklichkeit als etwas Absolutes gegenüber, wie das Sollen.
Für Kant steht nichts so fest, wie das Gesetz der praktischen Vernunft, jenes Bewußtsein „eines inneren Gerichtshofes", im Menschen, das „Gewissen" heißt. So in der „Metaphysik der Sitten". Sollen und Freiheit erwirbt der Mensch nicht, sondern er hat es einfach. Also ist so etwas vorhanden wie ein apriorisches Wertbewußtsein.

THEORIE DES SITTLICHEN
Kant gibt keine inhaltliche Bestimmung des Sittlichen. Wir sprechen deshalb vom „Formalismus" der Kantschen Ethik:Den Formalismus erkennt man am „Grundgesetz der praktischen Vernunft" – „Handle so, daß die Maxime deines Willens jederzeit zugleich als Prinzip einer allgemeinen Gesetzgebung gelten könne". Kant verweist also nicht auf Inhalte, so wie die materielle Wertethik, wie Treue, Tapferkeit, Wahrhaftigkeit, sondern: wer wissen will, was gut oder böse ist, muß einfach fragen: kannst du auch wollen, daß deine Maxime allgemeines Gesetz wird.

RIGORISMUS (rigor = Unbeugsamkeit, Härte, Strenge)

Er ist ein weiteres Charakteristikum der Kantschen Ethik. Das Sittliche begegnet uns als Gesetz, als Befehl und dieser Befehl (Imperativ) ist kategorisch, d.h. er duldet kein Wenn und Aber, keine Rücksicht auf persönliche Neigungen und Interessen, sonst hinge das Gebot von materiellen Bedingungen (Interessen, Zwecken etc.) ab. Kant entschied sich ausschließlich für die Gesetzmäßigkeit durch Vernunft. Alles andere wäre subjektivistisch und damit zuletzt relativ! In der Grundlegung sagt er: nichts ist von der Neigung des Menschen, sondern von der Obergewalt des Gesetzes zu erwarten. Damit wird die Kantsche Ethik zur P f l i c h t Ethik. Die Pflicht wird zur unnachlssigen Bedingung desjenigen Wertes, den sich die Menschen allein selbst geben können. Im Handeln aus Pflicht liegt allein die ganze Moral.
Wahrscheinlich ist der geistesgeschichtliche Hintergrund für diesen Rigorismus die stoische Grundhaltung Kants gewesen. Die Pflichtethik fand starke Angriffe. Die Frage war z.B. , wird der sittliche Wert der Nächstenliebe nicht sinnlos, wenn man verlangt, diese nur aus Pflicht zu tun, nicht um des Wohles der Mitmenschen? Ich würde sagen, die Pflicht ist ja mir gerade auferlegt, um das Wohl der Menschen sicherzustellen.

APRIORISMUS (nicht aus Erfahrung gegeben) als weiteres Merkmal der Ethik:
Die Vernunft gebietet für sich selbst und unabhängig von der Erfahrung, Handlungen die getan werden sollen! Wenn es z.B. in der Welt noch nie Redlichkeit gegeben hätte, würde sie der Vernunft doch gebieten (aus Pflicht). Kant verfolgt mit dem Apriorismus die Sicherung der Zeitlosigkeit des Sittengesetzes. Es geht um Freiheit und Unabhän-

gigkeit von dem Mechanismus der Natur: der Mensch, obwohl Glied der Naturordnung, soll doch über der Sinnenwelt stehen, denn er gehört zugleich der intelligiblen Welt an.

AUTONOMIE, das 4. Charakteristikum der Ethik:
Der Mensch in seinem sittlichen Handeln ist mit seiner praktischen Vernunft selbst das Sittengesetz; das Gewissen ist die letzte Instanz, der gegenüber er verpflichtet ist.
Wenn das Prinzip der Sittlichkeit in der allgemein gültigen Gesetzmäßigkeit liegt, dann ist die Vernunft für sich allein praktisch und wird damit zum Gesetz für alle vernünftigen Wesen. Gegensatz dazu ist die heteronome Ethik (Fremdbestimmung), die sittliches Handeln aus subjektiven Zwecken und allen anderen Motiven untersucht. Solche Prinzipien können nie einen „kategorischen Imperativ", sondern nur einen hypothetischen begründen. Dazu gehört auch die theonome Moral. (die klassische christliche Philosophie versteht das anders; nicht deshalb ist etwas gut, weil es Gottes Wille ist, sondern weil es gut ist, , will es Gott!. Der Willkürgott Ockhams ist nicht der christliche Gott). Hans Meyer meint, daß Kant gegen die Verankerung des Sittlichen im Wesen Gottes wohl kaum etwas einzuwenden gehabt hätte.. Den Autonomiegedanken Kants interpretiert Hans Meyer so: Das Gesetz, das der Wille sich selbst gibt (der Wille jedes vernünftigen Wesens ist ein allgemein gesetzgebender Wille) stammt aus der Vernunft als einem Glied im Reich der Geister, in dem Gott König ist, und ist eine Ausstrahlung des Gesetzes, das in Gottes unendlicher Helligkeit gründet. Denn Gott ist der Träger und der Grund der moralischen Weltordnung.

Seit Augustinus kennen wir den Begriff „das ewige Gesetz“. Was ist das? Es ist etwas, das den „ordo moralis“ aufrecht zu erhalten gebietet und ihn zu stören verbietet. Es ist letztlich die Ordnung wie sie in Gott selbst ist. Die Ordnung im Kosmos widerspiegelt das Wesen Gottes. Jeder Mensch existiert dadurch, daß er teil hat am Wesen und damit am Gesetz Gottes. Daher hat der Mensch den Imperativ in sich, z.B. ein liebender Nächster zu sein. Kant zur Autonomie (Selbstgesetzgebung der Vernunft): Entstehung des Begriffs Autonomie ist nach „Schwartländer“ für Kant der prägnanteste Ausdruck für die ursprüngliche Freiheit und Selbstbestimmung des Menschen. Sittlichkeit ist bestimmt durch Unbedingtheit. Kants Bemühung muß im Zusammenhang mit der Aufklärung gesehen werden. Definition Kants: „Heraustreten des Menschen aus seiner selbstverschuldeten Unmündigkeit; wage deinen Verstand zu gebrauchen“. Das Ziel dieser Epoche ist das freie Selbstsein des Einzelnen im Ideal der Autarkie (Selbstgenügsamkeit), d. h. möglichst vollständige Unabhängigkeit in allen Lebenslagen- und Bereichen.
Auch der Rationalismus der damaligen Zeit zeigt die gleiche Prägung: Die Überzeugung von der reinen Selbstmächtigkeit und Selbstgenügsamkeit der eigenen Vernunft. (Soweit die Aufklärer nicht Atheisten waren, erkannten sie noch die Unsterblichkeit und das höchste Wesen an).
Die Bedeutung des oben genannten Ideals zeigt sich vor allem in der geistigen Auslegung und Bestimmung des Politischen. Das Recht des Menschen auf Freiheit (Unabhängigkeit und Selbstbestimmung) erhält in dieser Epoche des politischen Absolutismus eine alle Gemüter ergreifende Macht. Kants Abhandlungen zeigen, wie sehr er die Selbstbestimmung als das Vordringlichste der Geschichte

der Menschheit ansieht (Marx brachte dies in sein „kommunistisches Manifest“ ein).
„Staat“ definiert Kant als Vereinigung von Menschen und Rechtssätzen. Das freie Selbstsein der Menschheit soll ein gesetzmäßiges sein. Die eigentliche Idee der Geschichte, die Kant entwickelt, ist nicht nur diese Gesetzmäßigkeit des menschlichen Mitseins, also die Idee eines rechtlichen Zustandes, sondern, daß die Menschen unter solchen Gesetzen stehen, die sie sich selbst gegeben haben. Die Verbindung aller Menschen im Sinne einer Autonomie (Selbstgesetzgebung) ist für Kant das Ziel der Menschheitsgeschichte. Mit diesem Begriff ist Gehorsam verbunden gegenüber dem inneren Gesetz:. Die Autonomie im sittlichen Verständnis sind Gehorsam und Pflicht nicht zu trennen; umgekehrt müssen diese notwendig im Sinne der Autonomie gedacht werden. Eigentlicher Ausgang bei Kant ist das moralische Bewußtsein. Gehorsam ist nicht blinder und willenloser Verzicht......Gehorsam ist der Mensch allein dann, wenn er mit voller Einsicht in das Gesetz dieses zum Gesetz seines Willens macht, das aber heißt: „er gibt sich das Gesetz selbst“.

Formulierung des „kategorischen Imperativs“:

1. Grundsatz aus der KpV: Das moralische Gesetz ist heilig (unverletzlich): Der Mensch ist zwar unheilig genug, aber die Menschheit in seiner Person muß ihm heilig sein. In der ganzen Schöpfung kann alles.....auch bloß als Mittel gebraucht werden. Nur der Mensch.....ist Zweck an sich selbst. Er ist nämlich das Subjekt des moralischen Gesetzes, welches heilig ist, vermöge der Autonomie seiner Freiheit“. Aus der Sicht der moralischen Ordnung ergibt sich

eine

2. Formulierung des kategorischen Imperativs: „Handle so, daß du die Menschheit sowohl in deiner Person als in der Person eines jeden anderen jederzeit zugleich als Zweck, niemals als Mittel gebrauchst“. Dieses Wort ist ein Urgestein abendländischer Sittlichkeit und Geistigkeit!

Immer wieder erscheint der Gedanke bei Kant, daß der Mensch Bürger zweier Welten ist:

a) in der Natur und ihre Notwendigkeiten eingebunden (Gegenstand der Wissenschaft in KrV)
b) und zugleich weit über diese Welt der Sinne, des herrschenden Mechanismus hinausragend.

Diese Eigenart drückt sich in einem Satz in der KpV aus: „Zwei Dinge erfüllen das Gemüt mit immer neuer und zunehmender Bewunderung und Ehrfurcht, je öfter und nachhaltiger sich das Nachdenken damit beschäftigt: der gestirnte Himmel über mir und das moralische Gesetz in mir“. Das erste ist die Welt der möglichen Erfahrung aus der KrV. „Das zweite fängt.....von meiner Persönlichkeit an und stellt mich in einer Welt dar, die wahre Unendlichkeit, aber nur dem Verstand spürbar ist...... Es erhebt meinen Wert, als einer Intelligenz, unendlich durch meine Persönlichkeit, in welcher das moralische Gesetz mir ein von der Tierwelt und selbst von der ganzen Sinnenwelt unabhängiges Leben offenbart – das D u s o l l s t der KpV“. Damit steht Kant auf der Höhe der platonischen Weltanschauung. Mit diesem Text schließt Kant die KpV.

Abschließend zu Kant noch folgende Anmerkungen: Wie schon eingangs erwähnt war Kant ein sehr tief denkender Philosoph. Einer der größten Denker Deutschlands. Er ist neue Wege in der Philosophie gegangen. Dies führte auch allerdings dazu, besonders bei seinen Nachdenkern, die Positivisten, daß der Mensch den Sinn des Lebens nur noch in sich selbst sucht und nicht aufhört sich selbst zum Mittelpunkt der Welt zu machen. Dem Fortschrittsdenken waren keine Grenzen mehr gesetzt. Die so wichtige Metaphysik, die sich mit dem eigentlichen Sein beschäftigt, wurde bei den Positivisten vollkommen abgelehnt. Diese Geisteshaltung machte den Weg frei für ungehemmten Fortschritt , besonders in den Naturwissenschaften, einen Fortschritt, der nicht mehr auf das Wohl des Menschen ausgerichtet ist. Es galt nur noch „Fortschritt um des Fortschritts Willen“. Man braucht sich nicht wundern, wenn die Menschheit immer ängstlicher wird. Eine atomare Selbstzerstörung ist z.B. nicht mehr unmöglich und der Mensch zweifelt immer mehr am Sinn seines Daseins. Eigentlich wollte Kant die Philosophie seiner Vorgänger retten. Er versuchte auch später wieder die Metaphysik (seine Metaphysik), wieder miteinzubeziehen, was jedoch nicht zum Durchbruch kam.

Ein sehr interessanter Philosoph muß noch erwähnt werden und zwar
Martin H e i d e g g e r (1889 – 1976).
Wie der Philosoph „Hans – Georg Gadamer“ richtig festgestellt hat ging von Heideggers Denken eine enorme Faszination aus. Deutschlandweit kamen zu ihm Studenten nach Freiburg und später Marburg, wo er als Privatdozent war. Unter seinen Studenten waren später bekannte Namen

wie Herbert Marcuse, Hans Jonas, Max Horkheimer.
Eigentlich hat Heidegger die Vergangenheit neu entdeckt. Er hat das Sein entgegen der Tradition vereinfacht dargestellt, ohne Gebrauch der Begriffe wie Subjekt, Objekt, Vernunft. „Sein“ ist bei ihm ständige Anwesenheit ohne große Umschweifungen, weil das Sinnhafte der Welt schon da ist. Von der abendländischen Metaphysik ausgehend entstand sein Hauptwerk „Sein und Zeit“, das weltweit bekannt ist. Danach kann jedes Sein einen ihm eigenen Horizont haben. Der Sinn vom Sein ist also die Zeit.
In seinen Schriften von „Sein und Zeit“ ist er oft fälschlicherweise als Existenzphilosoph eingestuft worden, obwohl die Metaphysik bei ihm immer gegenwärtig war

Ein großer Fehler war, daß er sich 1933 dem Nationalsozialismus näherte und dies bis zu seinem Tod nie öffentlich erwähnt hat.
Es lohnt sich aber trotzdem sein Hauptwerk „Sein und Zeit“ aufmerksam zu lesen.

Schlussbetrachtung

Der Mensch wird nie aufhören die Fragen nach Gott und die Welt immer wieder neu zu stellen. Die Naturwissenschaften und die Philosophie werden aber bei ihren Forschungen nie das absolute Ziel erreichen. Im Gegenteil, je weiter und tiefer die Naturwissenschaften vordringen, um so mehr tauchen neue, noch komplexere Fragen auf. Die zentrale Frage für uns Menschen wird daher immer bleiben, was kommt nach unserem Dasein dieser Welt? Glücklich der Mensch, der in seiner Religion fest eingebunden ist. Er weiß zuallererst, daß dem Menschen schon immer die Ahnung einer höheren Kraft eingepflanzt ist. Viele finden auch ohne großes Wissen Antwort und den inneren Frieden in ihrer eigenen Brust, wenn sie in den Himmel schauen und sehen diese undurchdringbare Makrowelt. Das gleiche Staunen bewirkt das Spiegelbild in der Mikrowelt. Aber wie schon eingangs erwähnt, auch ein Zweifler, der sich mit Philosophie und den Ergebnissen, besonders der neueren Naturwissenschaften beschäftigt, kann zu einer besseren, sinnvolleren Betrachtungsweise kommen. So z.B., daß hinter den komplexen Mikro- und Makrokosmos eine übergeordnete Macht vorhanden sein muß. Es überrascht uns, daß unsere gesamte Welt und alle Objekte darin (Stein, Pflanze, Tier , Mensch) und der weite Kosmos draußen, nur aus winzigen Teilchen, aus Atomen = ein Zehntel Nanometer, besteht. Mein Hamburger, den ich gerade esse, besteht also nur aus dem Baustoff ATOME. Es gibt ca 180 wesentliche Arten von Atomen. Eine Atomart hängt immer davon ab, wie viele Elektronen um den Atomkern kreisen. Das leichteste Atom z.B. ist Wasserstoff mit nur 1 Elektron, Kohlenstoff (Kohlehydrate) hat 6

und Sauerstoff hat 8 Elektronen usw.. Ein Objekt besteht aus einer Unmenge von Atomen. Das spannende dabei ist, wie wird aus den Atomen ein Mensch oder mein Hamburger? Welcher Mix aus den verschiedenen Atomarten und wie viele für jedes individuelle Objekt notwendig sind. Das Geheimnis ist die Differenzierung und Anordnung der Atome bzw. es bedarf der richtigen, sogenannten „Information". Also gilt: aus Materie und Information entsteht das Objekt (Pflanze, Tier, Mensch etc.). Wichtiger als die Materie ist die „Information", weil Materie (das Atom) immer und überall das gleiche ist und überall austauschbar ist.
Bekanntlich hat Einstein anfangs des 20. Jh. entdeckt, daß Licht aus unteilbaren kleinen Teilchen besteht, die man Quanten bzw. Photonen nennt. Durch die Entdeckung der Quanten konnte man das Verhalten von Atomen besser beschreiben. Nach seiner Relativitätstheorie kann sich nichts schneller bewegen als das Licht (300 k km/Sek.), weil Raum und Zeit nicht getrennt werden können. Dazu ein interessantes Beispiel von Anton Zeilinger in seinem Buch „Einsteins Spuk": Wenn es möglich wäre schneller als Licht zu reisen würde die Zeit rückwärts gehen, d.h. man könnte während einer Raumfahrt auf ein heimwärts fliegendes Raumschiff springen, das ebenfalls schneller als Licht fliegt, und man wäre dadurch in der Lage, früher auf der Erde anzukommen, als man abgereist ist.
Eine der interessantesten Phänomene der Quantenphysik ist die sogenannte „Verschränkung der Teile". Sie besagt, daß z.B. zwei Quantenteilchen (Photonen) auf viel engere Weise miteinander zusammenhängen können als dies nach der klassischen Physik möglich ist. Wird an einem Teilchen eine Messung vorgenommen, ändert sich sofort der Quantenzustand des anderen, unabhängig von der Entfer-

nung zwischen den beiden. Das scheint im Widerspruch zu Einsteins Relativitätstheorie zu stehen, nach der sich nichts schneller als mit Lichtgeschwindigkeit ausbreiten darf. Einstein bezeichnete dies „spukhafte Fernwirkung". Der Naturwissenschaftler Schrödinger erkannte klar die tiefgreifenden Konsequenzen, weil die „Verschränkung" das Phänomen sei, das uns zwinge, von allen liebgewordenen, klassischen Vorstellungen, wie die Welt beschaffen sei, endgültig Abschied zu nehmen. So wie sich das Phänomen heute darstellt, bedeutet dies, der Zusammenbruch des Realismus, weil als Ausgangspunkt der Materie nicht mehr Materie ist. Das kleinste Elementarteilchen wird zur geistigen Potenz.

Über mich als Autor:

In einer ländlichen Gegend, in Ergoldsbach bei Landshut, wurde ich als Sohn katholischer Eltern 1934 geboren Nach der schulischen Ausbildung kam ich zu einem Elektro-Großbetrieb nach München. Aufgrund meiner Sprachkenntnisse englisch, französisch und italienisch, kam ich schnell in die Auslandsabteilung. Anschließende Aufenthalte in England, Frankreich und Italien waren die Folge.
In meinen späteren Berufsjahren interessierte mich wieder mehr die Philosophie und Theologie. Zuerst besuchten wir (zusammen mit meiner Frau) die Schule in der Maxburg (Jesuiten) und später die Philosophische Hochschule in der Kaulbachstrasse und in der LMU München.
Besonders die Vorlesungen von Johannes Beck S.J.(Jesuit) haben uns nicht mehr losgelassen. Seine Vorlesungen (mit viel Diskussion) waren stets mit kritischen und tiefgreifenden Gedanken begleitet. Bis 2010 hat er im Alter von 86 Jahren noch Vorlesungen gehalten. Bis dahin waren wir auch seine treuen und dankbaren Hörer.
Inzwischen bin ich selbst 81 Jahre und beschäftige mich weiter mit Naturwissenschaften, Philosophie und Religion von deren Aussagen und neuerer Entdeckungen von Einstein bis Heisenberg eine große Übereinstimmung zu erkennen ist.

Hans Obermeier